당신에게 일은 무엇인가

WORK AND OUR LABOR IN THE LORD

Copyright © 2017 by James M. Hamilton Jr.
Published by Crossway
a publishing ministry of Good News Publishers
Wheaton, Illinois 60187, U.S.A.

This edition published by arrangement with Crossway through rMaeng2, Seoul, Republic of Korea.
All rights reserved.

This Korean Edition Copyright © 2019 by Word of Life Press, Seoul, Republic of Korea

이 한국어판의 저작권은 알맹2 에이전시를 통하여
Crossway와 독점 계약한 생명의말씀사에 있습니다. 신 저작권법에 의하여
한국 내에서 보호받는 저작물이므로 무단 전재와 무단 복제를 금합니다.

당신에게 일은 무엇인가

© 생명의말씀사 2019

2019년 7월 22일 1판 1쇄 발행

펴낸이 | 김재권
펴낸곳 | 생명의말씀사

등록 | 1962. 1. 10. No.300-1962-1
주소 | 서울시 종로구 경희궁1길 5-9(03176)
전화 | 02)738-6555(본사) · 02)3159-7979(영업)
팩스 | 02)739-3824(본사) · 080-022-8585(영업)

기획편집 | 유영란
디자인 | 윤보람
인쇄 | 영진문원
제본 | 정문바인텍

ISBN 978-89-04-16680-0 (03230)

저작권자의 허락없이 이 책의 일부 또는 전체를
무단 복제, 전재, 발췌하면 저작권법에 의해 처벌을 받습니다.

당신에게 일은 무엇인가

Work &
Our Labor
in the Lord

제임스 해밀턴 지음
이대은 옮김

● 추천의 글

이 책은 우리가 참된 인간의 존엄성을 찾게 한다. 그리고 성경적 세계관과 구속사적 관점에서 자신의 일과 노동의 본질을 회복하고 나의 나됨을 발견하게 한다. 하나님이 내게 주신 일을 통해 하나님 나라와 영광에 참여하는 기쁨을 소개하는 이 책을 적극 추천한다.

_엄기영, 『내가 선 곳 거룩한 땅』 저자,
상하이한인연합교회 담임목사, IBA(Business As Mission) 공동대표

일터사역을 오랜 기간 섬기며 많은 그리스도인이 일터에서 괴로워하는 것을 보았다. 그 이유는 대부분 이 일터에 자신을 보내신 하나님의 목적을 이해하지 못하기 때문이었다. 이 책은 우리의 일에 대한 하나님의 목적을 알려주며, 우리의 일을 통해 하나님 나라를 이루기 원하시는 주님의 마음을 느끼게 한다. 우리는 삶의 변화를 통해 세상을 변화시키는 일터선교사이다. 믿음과 일의 관계를 본질적으로 조명하며 신선한 교감을 주는 이 책을 추천한다.

_송기정, BBB(직장인성경공부모임) 대표

우리가 하는 매일의 일에 하나님이 깊은 관심을 가지신다는 사실을 깨달을 때 우리의 삶은 완전히 뒤집어진다. 이 짧은 책을 따라 성경의 거대 서사를 한 걸음씩 걷다 보면, 매일 우리가 하는 일에 대한 하나님의 목적이 성경의 가장 깊고도 중요한 주제임을 알게 될 것이다.

_ 그렉 포스터, 『칼빈주의 기쁨』(The Joy of Calvinism) 저자,
트리니티 인터내셔널 대학 Oikonomia Network 디렉터

성경은 일에 대해 할 말이 우리의 생각보다 훨씬 더 많다! 제임스 해밀턴은 성경 줄거리에서 일이 얼마나 중심적인지, 그리고 하나님의 계획은 그분의 영광으로 이 땅을 채우는 것임을 우리에게 보여준다. 성경 말씀 깊이 들어가지만 여전히 쉽게 접근할 수 있는 이 책은 거의 모든 페이지마다 놀라운 통찰력을 담았다. 오늘날 일에 관한 성경의 관점을 다룬 최고의 책이다.

_ 맷 퍼먼, Made to Flourish 마케팅 디렉터, What's Best Next: How the Gospel Transforms the Way You Get Things Done 저자

성경에서 일이 얼마나 중요한지 이해하기 원하는 독자라면, 이 짧지만 강력한 책에 실망하지 않을 것이다. 창조, 타락, 구속, 회복이라는 성경 이야기를 그와 함께 거닐다 보면, 이 땅에서 그리고 앞으로 올 세상에서, 그리스도께서 구속하신 하나님의 형상들이 참으로 번성하게 하신 하나님의 계획을 더 깊이 이해하게 될 것이다.

_ 휴 휄첼, 『온전한 복음을 담은 세계관 이야기』 (*All Things New: Rediscovering the Four-Chapter Gospel*) 저자, 신앙과 일과 경제 통합을 추구하는 연구소 (*Institute for Faith, Work, Economics*) 소장

'창조, 타락, 구속, 회복'이라는 4장으로 구성된 건실한 신학을 포용하는 동시에 솜씨 좋게 성경 본문을 다루는 이 책은 인간의 일이 어떻게 성경 줄거리의 중심 가닥이 되는지 보여준다. 믿음과 일을 연결하는 제임스 해밀턴의 통찰력은 우리에게 영감을 주고 우리의 일을 변화시킬 것이다.

_ 톰 넬슨, 『주일 신앙이 평일로 이어질 때』 (*Work Matters*) 저자, 크라이스트 커뮤니티 교회 담임 목사, Made to Flourish 회장

믿음과 일의 관계를 다룬 훌륭한 책들이 많다. 그러나 제임스 해밀턴의 이 책은 탁월하다. 철두철미하지만 간결하게 성경신학에서 일이 차지하는 위상을 고찰한다. 모든 그리스도인이 반드시 읽어야 할 책이다.

_ 조 카터, The Gospel Coalition 편집자, *NIV Lifehacks Bible* 기고자

이 책은 다소 짧을지 모르지만 극도로 풍부하다. 해밀턴은 성경 자료에 관한 한 확실한 안내자이다. 일에 대한 성경신학을 완전하게 훑으면서 매우 가치 있고 고무적인 논의를 제공한다.

_ 개리 밀러, *Now Choose Life: Theology and Ethics in Deuteronomy* 저자

Work &
Our Labor
in the Lord

● CONTENTS

추천의 글 ·4
책을 열며 ·10

PART 1
창조, 하나님께서 처음 계획하신 일 ·14

PART 2
타락, 고된 노동이 되어버린 일 ·58

PART 3
구속, 그리스도께서 자유롭게 하신 일 ·104

PART 4
회복, 마침내 온전히 기쁨으로 하게 될 일 ·140

책을 닫으며 ·164
주 ·168

● 책을 열며

성경은 '일'을 어떻게 바라볼까? 이 질문에 답하려면 우선 성경에서 일이 어떤 위치를 차지하는지 이해해야 한다.

이때 성경신학을 이해하면 도움이 된다. 성경신학은 성경 저자들의 해석적 관점을 이해하고 받아들이는 작업이다.[1] 그리고 성경 저자들의 해석적 관점을 이해하는 것은 곧 그들의 '세계관'을 이해하는 것이다. 그런데 성경 저자들의 세계관에 접근하는 유일한 방법은 그들이 남긴 기록을 살펴보는 일뿐이다.

성경 저자들의 세계관을 이해하려면 우선 '구속사'를 포괄적으로 이해한 후, 여기에 견주어 각 성경 저자가 글을 쓴 의도를 파악해야 한다. 나는 복음주의에 근거한 접근법, 성경에 근거한 접근법이 성경 저자의 관점을 이해하고 받아들이는 최적의 입장이라 확신한다.[2] 구속사에 대한 한 사람의 관점은 그 사람의 세계관에서 분리할 수 없다.

이 책은 일에 대한 성경신학적 주제 연구이기 때문에 정경의 구조를 살피기보다는[3] 다음 질문들을 던지며, 일에 대한 성경 저자들의 관점을 살펴보려 한다.

- 성경 저자들이 해석한 이 세계의 거대 서사 안에서 일은 어떤 역할을 하는가?
- 일에 대한 어떤 명제진리(propositional truth, 하나님의 지성에 근거하여 성립하는 진리)가 성경의 거대 서사에서 흘러나오고 또 흘러 들어가는가?
- 성경 저자들은 일을 단순한 노동을 넘어서는 무엇으로 이해했는가?

우리는 이 질문들을 통해 성경 저자들이 일에 대해 무엇을 믿는지 파악하려 한다. 이를 이해한다면, 우리가 일에 대해 무엇을 믿어야 할지도 알게 될 것이다.

나는 우선 죄가 있기 전인 심히 좋은 세계에서 하나님이 일에 대해 무엇을 의도하셨는지 살펴볼 것이다. 그리고 타락한 세상에서 죄가 어떤 모습으로 나타나는지, 주 예수님이 여신 하나님 나라에서 일은 어떠해야 하는지, 마지막으로 주 예수님이 가져오실 새 하늘과 새 땅에서는 일이 어떠한 모습일지 알아볼 것이다. 즉 창조세계에서, 타락 후, 그리스도께서 구속을 성취하신 현재, 그리고 모든 것이 회복된 상태에서의 일이 어떠한지 살펴볼 것이다.

이 책의 내용은 구원사라는 줄거리를 따라 움직인다. 즉, 창조—타락—구속—회복이라는 세계관 이야기이다. 그러나 2장(타락/

옛 언약의 지침)과 3장(구속/새 언약의 지침)에서는 이야기의 줄거리에 따르는 '사건'들이 아닌, 하나님이 자기 백성에게 매일의 삶을 위해 주신 은혜로운 '지침'들을 생각해 볼 것이다.

구약의 지혜문학을 성경신학과 결합하는 일은 때로 도전으로 여겨진다. 특히 이 책처럼 구원사를 따라 작업하는 경우 더욱 그렇다. 2장은 전도서와 잠언이 옛 언약 아래에서 매일의 일에 관해 무엇이라 말하는지 집중할 것이다. 지혜문학도 그렇게 성경신학 안에서 할 말을 하게 할 것이다.[4]

이제 이어지는 네 개의 장에서 우리는 일을 탐험할 것이다. 원래 의도된 일의 모습이 어떠했는지, 그러나 일이 어떻게 변했는지, 일이 어떻게 자유를 얻었는지, 그리고 마침내 어떻게 일하게 될지 하나씩 알아보자.

PART 1

창조,
하나님께서 처음 계획하신 일

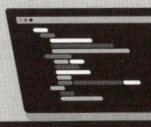

Work &
Our Labor
in the Lord

우리의 이야기는 어떤 소망이나 두려움 같은, 우리가 세상을 이해하는 방식을 담고 있다. 우리가 부르는 노래는 우리 마음의 깊은 열망이 무엇인지 드러낸다.

우리의 열망은 우리가 좋은 삶이라고 꿈꾸는 무언가와 이어진다. 그리고 좋은 삶에 대한 비전은 결국 "하나님 나라"[1)]에 대한 비전과 맞닿아 있다.

세상의 노래 vs 성경의 노래

조엘 코엔 감독의 영화 "오 형제여 어디에 있는가?"(O Brother, Where Art Thou?)를 보면 "빅 락 캔디 마운틴"(Big Rock Candy Mountain)[2)]이라는 노래가 나온다. 공짜 돈이 수풀에서 자라고, 담배가 주렁주렁 나무에 열리고, 경비견의 이빨은 고무라 겁낼 필요가 없고, 스튜로 된 호수 옆에는 위스키가 시냇물처럼 흐른다. 이것이 이 노래를 부르는 사람들이 바라는 천국이다. 술이나 마시며 일하지 않아도 먹고 살 수 있는 삶!

그들은 사탕으로 된 산을 원하고 삽, 도끼, 톱, 곡괭이와 같은 연장은 원하지 않는다. 그들은 종일토록 자다 일어나서는 일을 만든 자들을 나무에 매달고 싶어 한다. 그런데 그러면 결국 하나님의 목에 올가미를 걸어야 한다는 사실을 그들은 알까?

이 노래는 하나님이 태초에 그분의 형상과 모양을 따라 사람을 창조하시고, 그에게 해야 할 일을 주실 때 의도하신 영광에 심각하게 미치지 못한다. "빅 락 캔디 마운틴"이 노래하는 삶은 참되고 지속적인 행복과 만족에 이르지 못한다.

성경은 우리가 반드시 그리고 마침내 올라야 할 제1의 산이 있다고 말한다. 그러나 그 산은 게으르고 방탕한 사람들을 위한 곳이 아니다.

성전에 올라가는 노래

여호와를 경외하며 그의 길을 걷는 자마다 복이 있도다
네가 네 손이 수고한 대로 먹을 것이라
네가 복되고 형통하리로다
네 집 안방에 있는 네 아내는 결실한 포도나무 같으며
네 식탁에 둘러 앉은 자식들은 어린 감람나무 같으리로다
여호와를 경외하는 자는 이같이 복을 얻으리로다
여호와께서 시온에서 네게 복을 주실지어다

너는 평생에 예루살렘의 번영을 보며
네 자식의 자식을 볼지어다
이스라엘에게 평강이 있을지로다

시편 128편은 일하는 자에게 헌정된 노래다. 여호와를 경외하고 여호와의 길로 걷는 자에게는 복이 있다. 여호와께서 주시는 복이란 사람이 자신의 일을 한 결과, 즉 가족을 부양하기 위해 한 일의 결과를 즐거워하는 것이다.

이 시편은 무엇이 좋은 삶인지 묘사한다. 좋은 삶에는 가족과 다른 이들의 필요를 공급하기 위해 행하는 고된 일이 따른다. 가정이 성장하고 결실한다는 것은 하나님이 은혜와 복을 베푸셨다는 뜻이다. 여기서 번영은 경건, 책임, 청지기직, 하나님에 대한 인식을 아우르는 것으로, 경외와 순종과 덕을 불러일으킨다.

이 시편에서 복을 받은 사람이란 하나님을 경외하는 사람이다(4절). 하나님은 시온에서 복을 주시는데(5절), 시편 전체의 맥락을 볼 때 시온은 하나님이 다윗의 계보에서 나온 한 왕을 세우신 곳이다(시 2:6 참조)[3]. 5절과 6절은 그가 예루살렘의 번영을 보며 자식의 자식까지 볼 것이라고 말한다. 곧 시편 128편의 기쁨을 누리는 사람들이 받은 복이 그의 가족보다 넓은 공동체로 퍼져나가리라는 뜻이다.

예루살렘은 번영한다. 그 백성이 하나님을 경외하고, 하나님 말씀에 순종하며, 가족의 유익을 위해 자기 손으로 일하기 때문이다.

시편 128편은 모세 언약에 따르는 복을 시로 나타낸 것이다 (레위기 26장과 신명기 28장 참조). 이 시편이 노래하는 좋은 삶은 "빅락 캔디 마운틴"이 노래하는 좋은 삶과 다르다. 성경이 말하는 약속의 땅이란, 일하지 않고 혜택만을 누리려는 자들이나 게으름뱅이가 기대하는 그런 곳이 아니다. 설탕으로 된 언덕에, 마음대로 도둑질할 수 있고, 해야 할 일도 책임도 책임질 가족도 없이, 대가 없는 보조금이 나오는 그런 부랑자들의 엘도라도가 아니다. 그렇다면 성경의 노래들이 소망을 길어 올리는 성경의 큰 이야기에서 일이 맡은 역할은 무엇인가?

이 질문에 답하기 위해 우선 이 세상에 죄가 없던 때에 하나님이 창조하신 좋은 삶이란 무엇인지 살펴보려 한다. 창세기 1-2장을 보며 에덴동산에서의 일이 어떠했는지 알아보고, 신명기 28장 1-14절에 나오는 언약적 복과 비교하며 에덴동산에서의 삶이 어떠했는지 알아볼 것이다. 그런 후에는 창세기 3장 16-19절을 보며, 하나님이 주신 임무에 심판이 내려지면서 일이 어떻게 무익하게 되었는지 살펴볼 것이다(롬 8:20 참조).

에덴동산에서의 일(창세기 1-2장)

성경은 하나님이 6일 동안 일하셨다는 이야기로 세상 이야기의 막을 연다. 하나님은 일곱째 날, 피곤하셔서가 아니라 일을 다 하셨기 때문에 안식하셨다(창 1:1-2:3, 히 4:3-4).

사람이 하나님의 형상과 모양을 따라 창조되었다는 것(창 1:27), 그리고 그리스도인은 하나님을 본받는 자로 부르심을 받았다는 것(엡 5:1)을 생각할 때 하나님이 능력의 말씀으로 세상을 창조하시는 장면, 다시 말해 하나님이 일을 하시는 장면으로 성경이 시작된다는 사실은 특별히 주목할 만하다.

하나님이 말씀으로 일하신다는 사실은, 사고하고 소통하는 고된 일을 통해 성취를 이루는, 그런 종류의 지식 노동(knowledge work)을 일로 인정한다. 하지만 어떤 말이 하나님의 말씀과 같은가? 어떤 말에 세상을 창조할 능력이 있겠는가?

이 광대하고 놀라운 우주를 보라. 하나님은 그분의 목적을 이루기 위해 말씀의 군대를 정렬시킬 능력이 있으시다. 그리고 하나님은 그분 스스로 숙련된 일꾼으로서 비할 데 없는 탁월함과 창조성으로 자신의 과업을 이루신다. 일은 고상한 것이다. 하나님을 닮은 활동이다. 일은 형벌이 아니다. 저주를 받아 되풀이할 수밖에 없는 고된 작업이 아니다.

또한 우리는 하나님이 창조하는 일을 마치신 후 일을 멈추셨다고 생각해서도 안 된다. 하나님은 세상을 만드신 후 마치 알아서 째깍거리며 작동하는 시계처럼 세상이 알아서 움직이도록 내버려 두신 것이 아니다. 예수님은 안식일에도 치유할 권한이 자신에게 있음을 입증하기 위해 이렇게 말씀하셨다. "내 아버지께서 이제까지 일하시니 나도 일한다"(요 5:17).

하나님이 일하시는 장면으로 시작하는 성경 이야기 내내 멈추지 않고 흐르는 주요한 개념은 하나님이 계속해서 일하시며 인도하시고 지지하시며 사랑하시며 심판하시며 구원하신다는 것이다.

성경이 하나님에 대해 첫 번째로 보여주는 사실은, 하나님이 창조적이고 능력이 있으며 효율적이고 섬세한 일꾼이시라는 점이다. 하나님의 일은 다른 이를 부양하고, 복을 주고, 필요를 공급하고, 생명을 준다. 분명 창세기 저자는 사람이 하나님의 형상과 모양을 따라 여자와 남자로 지어졌다는 부분에서 독자가 하나님에 대한 이 사실을 깨닫기 바랐다(창 1:26-28).[4]

남자와 여자의 창조에는 복과 과업이 따른다. 이는 하나님이 사람을 여자와 남자로 만드실 때 의도하신 책임과 사명이다. 창세기 1장 26절은 하나님이 사람을 자신의 형상과 모양대로 만들기로 결정하신 순간부터 그에게 모든 동물과 식물을 통치하는 권한을 주기로 작정하셨다고 전한다. 이는 참으로 '통치권'이었다. 왜냐하면 그들은 하나님의 형상과 모양을 따라 창조되었기 때문이다.

하나님은 남자와 여자를 그분의 형상대로 만드셨다(창 1:27). 그리고 그들에게 복을 주시고, 그들이 무엇을 하기 원하는지 말씀하셨다.

사람은 세상을 수동적으로 감시하라고 창조된 것이 아니다. 사람은 웅장한 과업, 즉 전 세계적 모험을 하기 위해 창조되었다. 창세기 1장 28절은 말한다.

> "하나님이 그들에게 복을 주시며 하나님이 그들에게 이르시되 생육하고 번성하여 땅에 충만하라, 땅을 정복하라, 바다의 물고기와 하늘의 새와 땅에 움직이는 모든 생물을 다스리라 하시니라."

하나님은 창세기 1장 28절에서 남자와 여자에게 생육하고 번성하여 땅에, 즉 모든 것에 충만하라고 명하신다. 그리고 땅을, 즉 모든 것을 정복하라고 하신다. 창세기 1장 28절의 과업들은 서로 연관되면서도 독립적이다. 사람은 생육하고 번성하여 충만하고 정복하고 다스려야 한다. 그런데 정복하고 다스리려면 반드시 생육하고 번성해야 한다. 흥미롭지 않은가? 이는 사람이 남자와 여자로 창조되었다는 사실(창 1:27)을 필수불가결한 조건으로 만든다.[5]

남자와 여자가 결혼해야(창 2:18-25) 생육하고 번성하는 일이 가능하다. 그래야 충만하고 정복하고 다스리는 일이 가능하다. 하나님이 사람에게 주신 일은 결혼 및 가정과 분리될 수 없다.

사실 결혼과 가정은 하나님이 명하신 일을 완수하도록 한다. 창세기에 나타나는 이러한 기초적인 현실은 자연스럽게 시편 128편과 같은 찬양이 흘러나오게 한다. 이 찬양을 들어 보면 복 있는 사람이란 가족이라는 맥락 안에서 노동의 열매를 누리는 사람이다.

하나님은 죄가 들어오기 전(창 3:1-8 참조) 사람에게 결혼을 주셨다. 그래서 하나님이 창조하신 이 심히 좋은 세상에서(창 1:31), 하나님이 사람에게 주신, 하나님이 정하신 책임을 완수하도록 하셨다.

여자가 없으면 남자는 생육할 수도, 번성할 수도, 땅에 충만할 수도 없다. 이것은 어느 모로 보나 참이다. 그런데 이 이야기에서 우리의 관심을 더욱 끄는 부분이 있다. 바로 하나님이 여자라는 선물을 남자에게 주시며, 더욱 깊은 차원의 관계적인 복을 계획하셨다는 점이다.[6]

하나님은 남자가 혼자 있는 것이 좋지 않다고 말씀하셨다(창 2:18). 그리고 여자라는 심히 좋은 동반자를 창조하셨다(창 2:22). 그래서 세상에 충만하고 세상을 정복하고 다스리는 일을, 남자와 여자가 영혼 깊이 하나 되어 유대감과 동지애를 누리며(창 2:23-25) 함께 감당하는 즐거운 모험으로 만드셨다.

창세기가 전하는 진짜 이야기를 보라. 하나님은 그저 더 큰 과업을 수행하도록 결혼을 주신 것이 아니다. 하나님은 사람의 삶과 일이 더욱 '풍성하도록' 결혼을 주셨다.

다시 말하지만, 번성의 목적은 충만이다. 충만은 물이 바다를 덮음같이 하나님의 형상이 마른 땅을 덮어 온 세상이 하나님의 형상을 닮은 자들로 정복되는 것이다. 이렇게 하나님이 주신 주권을 행사하는 자들이 모든 동물을 다스리는 것이다. 땅을 정복하는 것은, 경작되지 않아 뒤엉킨 상태의 땅을 사람이 살 수 있고 식물이 재배되는 곳으로 바꾸는 것과 같다. 동물을 다스리는 것은 하나님의 청지기로서 모든 생물이 하나님의 선하심을 즐거워하게 하는 것이다.

요약하자면, 하나님은 세계를 창조하실 때 우주적 성전을 지으신 것이었다.[7] 그리고 그 성전에 자신의 형상과 모양을 두셨다. 그리고 자신의 형상과 모양에 복을 주시고 책임을 맡기셨다. 그들이 맡은 일은 하나님이 좋게 만드신(창 1:31) 세상을 모든 동물과 식물에게 '더 좋은' 곳으로 만드는 것이었다. 그리고 하나님의 형상과 모양을 지닌 인류는 하나님의 성품과 창조성을 드러내는 방식으로 세상을 경작해야 했다.

즉 사람은, 보이지 않는 하나님의 성품과 권위와 통치를 눈에 보이도록 나타내기 위해 창조되고 태어나는 것이다.

여기서 사람은 왜 존재하는가에 대한 근본적인 답이 나온다. 사람은, 하나님의 복을 누리며 땅을 정복하고 모든 동물과 식물을 다스리는 방식으로 하나님의 성품을 드러내기 위해 존재한다. 하나님의 형상과 모양으로서 이를 행한다는 것은 곧 우리의 과업이, 하나님이 창조하신 세상에 있는 모든 생물에게 하나님의 본성과 성품을 행사하는 것이라는 뜻이다.[8]

따라서 일은 처음부터 창조 질서 안에 있다. 하나님은 사람에게 땅과 땅 위의 모든 생명을 관리하는 청지기직을 주셨다. 하나님의 세계에서 사람이 맡은 모든 과업은 이 본래의 사명과 연결된다. 어떤 직업은 식물과 동물을 직접 관리한다. 어떤 직업은 땅과 생명의 청지기직을 가능하게 한다. 모든 직업은 이 위대한 과업과 연결되어 있다. 도로와 시장을 만드는 것은 땅을 정복하고 동물을 다스리는 통치권을 행사하는 일이다. 다른 사람들이 지적으로 영적으로 번성하도록 돕는 것은 사람이 땅과 피조물을 잘 다스리도록 돕는 일이다.

어쩌면 이 세상의 모든 의로운 업무, 즉 농부나 축산업자부터 엔지니어, 소프트웨어 개발자, 핵물리학자, 일용직 근로자, 의사, 수의학자 그리고 감독과 목사, 동물원 관리인과 정치가, 군인과 집배원에 이르기까지 이 세상 모든 업무는 땅을 정복하고 만물에 지배권을 행사하는 일과의 관계에서 파악된다.

물론 모든 직업이 옳은 것은 아니다. 죄를 저지르기 위해 다른 이들을 고용하는 악한 사람도 있다. 사람은 돈을 받고 살인을 저지르거나 거짓 증언을 하거나 정의를 더럽히거나 간음을 저지른다. 그런 직업은 하나님의 명령을 어길 뿐 아니라, 창조주의 형상을 나타내기보다는 창조주의 자리를 찬탈한 자의 성품을 나타낸다.

가장 기본적인 수준에서 설명하자면, 옳은 일이란 악을 저지르거나 조장하지 않고 하나님이 태초에 인류에게 주신 과업을 성취하려 하는 것이다. 즉 충만하고 정복하고 다스리는 것이다. 이러한 일은 이 일을 하는 모든 이에게 살아계시고 참되신 한 분 하나님의 형상을 드러낼 기회를 준다.

창세기 1장 26-28절은 인간이 누구인지, 하나님이 무엇을 위해 우리를 여기에 두셨는지 말한다. 우리는 하나님의 형상과 모양을 담은 존재로서 우리의 정체성은 하나님이 우리에게 행하라고 주신 일에 들어 있다. 채우고, 정복하고, 다스리는 것은 우리가 하나님을 위해 해야 할 일이다. 우리는 하나님의 방식으로 일함으로써 하나님의 성품을 드러낸다.

한 사람이 자기 일을 하는 방식은 그가 어떤 사람인지와 결코 분리될 수 없다. 사람이 자신을 이해하는 방식, 세상에 대한 근본적인 생각, 자신만의 목적의식은 그가 자기 일을 하는 방식에 분명하게 드러난다.

창세기 2장은 창세기 1장의 창조 이야기를 확장한다. 여기서 우리는 하나님이 남자와 여자에게 행하도록 하신 일이 무엇인지 더 많은 통찰을 얻을 수 있다. 땅을 경작하는 일과 사람의 관계가 창세기 2장 5절에서 드러난다. "여호와 하나님이 땅에 비를 내리지 아니하셨고 땅을 갈 사람도 없었으므로 들에는 초목이 아직 없었고 밭에는 채소가 나지 아니하였으며."

모세는 여기에서 사람의 역할을 직접 논하지 않는다. 하지만 하나님이 아직 사람을 만들지 않으셨으므로 땅을 갈 사람이 없었다는 설명에서 사람의 역할이 분명하게 드러난다. 모세는 앞선 구절(창 1:25, 28 참조)에서 말한 내용, 즉 사람은 땅을 경작하며 하나님의 세계에서 청지기직을 수행하도록 창조되었다는 점을 독자가 이해했다는 전제하에 말하는 것이다.

사람이 땅을 경작하기 위해 창조되었다는 개념은 창세기 2장 15절에서 정교해진다. 나는 15절을 이렇게 번역한다. "여호와 하나님이 그 사람을 이끌어 에덴 동산에서 '쉬도록' 그것을 경작하며 지키게 하시고."

내가 여기서 "쉬다"라고 옮긴 단어는 히브리어로 누아흐(נוח)인데, 이 단어는 성경에서는 이 구절에서 처음 등장한다. 그리고 창세기 5장 29절에서 이 단어의 어근이 다시 나오는데 바로 "노아"(노아흐, נח)라는 이름에서이다. 노아의 아버지는 노아가 여자의 씨로서 땅에 내린 저주를 되돌릴 자라는 소망을 분명히 나타냈다(창 3:17-19, 5:29 참조).

창세기 2장을 다시 보자. 모세는 하나님이 일곱째 날 "쉬시는"(샤바트, שבת) 방법을 설명하기 위해 다른 단어를 사용한다. 하나님은 일을 모두 마치시고, 일곱째 날 이를 테면 안식(Sabbath)을 취하셨다. 우리가 사용하는 "안식일"(Sabbath)이라는 단어는 하나님이 일을 마치시고 쉬셨음(shabbat)을 설명하는 단어에서 나온 말이다.

이와 대조적으로 하나님은 사람을 동산에 두시고 쉬도록(누아흐, נוח) 일하게 하셨다. 언젠가 존 파이퍼는 공개 토론회에서 이렇게 말했다. "생산성이야말로 내 영혼에 휴식이 됩니다." 아담이 동산에서 쉬도록 일하며 지키게 하셨다는 창세기 2장 15절 말씀은 마치 일과 쉼의 균형을 말하는 듯하다. 아니, 쉼이 되는 일을 말하는 듯하다.

더욱 의미심장한 것은, 하나님이 사람을 동산에 두고 경작하고 지키게 하셨다는 사실이다. "경작하며 지키다"라는 말은 "보호하고 섬기다"라는 말로 옮길 수 있다. 모세오경에서는 이 단어가 레위 족속이 성막에서 담당한 임무를 묘사할 때만 쓰인다. 즉 그들은 성막을 지키고 보살펴야(minister) 했다(민 3:7-8 참조).[9] 민수기까지 읽은 모세의 청중들은 창세기 2장 15절에서 사용했던 이 단어를 다시 만나면서 하나님이 아담을 동산에 두고 하게 하신 일이 제사장의 일과 결이 같음을 알았을 것이다.

하나님은 사람에게 충만하고 정복하고 다스리는 과업을 주셨다. 이 동일한 업무는 창세기 2장 15절에서 동산을 경작하며 지키게 하셨다는 말로 다시 나타난다. 따라서 동산을 경작하라는 것(창 2:15)은 땅을 정복하라는 명령(창 1:28)을 자세히 설명한 것이다. 그리고 땅에 충만하고 정복하라는 과업은 남자와 여자가 함께 일하며 하나님이 창조하신 모든 땅을 에덴동산과 같이 만들라는 것이다.

동산을 지키는 일(창 2:15)은 물고기와 새와 육지 동물들에 주권을 행사하는 일과 겹친다. 연약한 열매와 꽃은 날뛰는 강아지나 거대한 코끼리로부터 보호해야 했다. 뱀과 어떤 동물들은 후에 부정하다 선포되는데,[10] 어쩌면 동산을 지키는 일에는 뱀이 들어오지 못하게 하는 일도 포함되었는지 모른다(창 3:1 참조).

창세기 2장의 이야기는, 땅을 정복하고 동물에게 주권을 행사하는 것이 무엇인지 계속해서 보여주며 사람을 인도하시는 하나님을 보게 한다. 또한 동산을 경작하고 지키는 일에는, 선악을 알게 하는 나무의 열매로부터 자신을 지키는 일도 포함됨을 보여준다.

사람은 홀로 생육하고 번성할 수 없기에 하나님은 남자가 혼자 사는 것이 좋지 못하다고 말씀하셨다. 이는 결혼과 가정이 일과 밀접한 관련이 있음에 힘을 더한다. 하나님은 남자에게 돕는 배필을 주셔서 그 좋지 못한 것을 고치기로 하신다(창 2:18).

남자가 동산을 경작하고 지키도록 창조되었듯(창 2:15), 여자는 남자를 돕도록 창조되었다(창 2:18). 이 역할은 하나님이 그분의 형상을 따라 창조하신 남자와 여자의 본성에 심으신 것이다.

경작하는 남자의 역할에는 공급하는 일이 따른다. 경작하는 책임에는 보호하는 일도 따른다. 여기에는 남자가 인도해야 한다는 뜻도 담겨 있다. 남자는 선악을 알게 하는 나무의 열매를 먹지 말라는 하나님의 말씀을 들었지만(창 2:17), 여자는 듣지 못했기 때문이다. 남자는 공급하고 보호하고 인도해야 했다.

그렇다면 돕는 여자의 역할에는 어떤 일이 따르는가? 돕는 일이 아닌 일을 따지는 편이 차라리 수월할 것이다. 돕는 일은 남자가 해야 하는 일을 '제외한' 모든 일과 관련이 있다.

하나님은 여자를 창조하셔서 남자와 함께 생육하고 번성하게 하셨다. 또한 하나님은 여자를 창조하셔서 남자가 인도하고 보호하고 공급하는 일을 돕도록 하셨다. 이러한 일을 남자에게 주신 하나님은 남자가 그 일을 할 수 있도록 여자로 돕게 하셨다. 하나님이 이렇게 역할을 나누신 것은 창세기 1장 28절과 2장 15절에서 착수된 일을 남자와 여자가 함께 성취하게 하시기 위함이다.

사람은 남자와 여자가 함께할 때만 번성할 수 있다. 남자와 여자가 함께 계획하고 완전히 헌신해야만 그 일을 할 수 있다. 남자와 여자는 오직 자녀를 통해서만 땅에 충만할 수 있고, 자녀의 도움으로만 땅을 정복하고 모든 동물에 주권을 행사할 수 있다. 그리고 분명 이 자녀들은 앞으로 있을 엄청난 일들을 감당하기 위해 강한 성품과 근면한 노동 윤리가 필요할 것이다.

오늘날 문화는 '생물학적 성'과 '성 정체성'이 일치한다는 개념에 반기를 든다. 그러니 어떤 역할은 남성에게, 어떤 역할은 여성에게 주어졌다는 개념에 반대하는 것은 말할 것도 없다. 이들은 "젠더 이분법"(gender binary), 즉 인간이 남성과 여성으로 존재한다는 사고방식을 거부한다. 인간이 남성 또는 여성이라는 어떤 한편으로만 존재한다는 생각은 너무 제한된 사고방식이라는 것이다.[11]

그러나 우리는 생물학적 성과 그에 따르는 성 역할을 속박으로 보지 말아야 한다. 하나님이 우리를 만드신 방식을 우리를 위한 하나님의 선물로, 목적으로 받아들여야 한다. 그리고 하나님이 남자로 경작하며 지키게 하시고 여자로 돕게 하신 그 창조 목적의 넓은 의미 안에서 우리가 누리는 엄청난 자유와 유연성에 감탄해야 한다.

하나님은 구구절절 세부사항까지 지시하지 않으셨다. 우리에게는 그 음악에 맞추어 다양한 성격과 관계에 따라 우리의 춤을 자유롭게 조정할 여유가 있다.

창조의 실상은 마치 무도회장과 같다. 무도회장에서는 춤출 수 있는 공간과 음악과 박자가 주어진다. 그러나 결혼한 각 쌍이 음악에 맞추어 어떻게 춤출지는 그들에게 달렸다. 우리는 하나님의 세계에 존재하는 창조물로서 이 무도회장에서, 이 공간에서, 이 음악에 맞추어 남자는 인도하고 여자는 도우며 춤추는 것이다. 그렇게 하지 않는 것은 창조 질서에 대한 반란이다.

그리고 삼위일체 하나님이 누리시는 상호 관계와 하나님이 사람을 그분의 형상을 따라 남자와 여자로 창조하신 것 사이에는 신학적 유사성을 찾아볼 수 있다(창 1:27). 하나님 안에서, 즉 삼위일체의 세 위격 가운데에서 성부 하나님은 몇몇 역할을 담당하신다. 성자 하나님은 다른 역할을 담당하시며, 성령 하나님

또한 다른 일을 담당하신다. 삼위일체 내에는 위격과 책임의 다양성이 존재한다. 그리고 하나님은 그분의 형상과 모양을 따라 사람을 두 가지 성, 즉 남성과 여성으로 지으시고 각기 다른 책임을 지도록 창조하셨다.

리처드 린츠는 창세기 1장 26절에서 하나님이 복수("우리")로 기록된 사실에 대해 이렇게 쓴다. "직접적인 정황은 적어도, 창조주가 인간이라는 피조물에 반영되었음을 암시한다. 그리고 이는 어느 정도 관계성으로 파악해도 된다."[12]

하나님이 남자와 여자를 창조하며 부여하신 역할의 차이를 거부하는 남자와 여자는 하나님의 목적에 반기를 드는 것이다. 하나님은 그분의 형상과 모양을 따라 사람을 남자와 여자로 만드셨다. '하나님'이 남자와 여자에게 주신 역할을 거부한다면, 세 위격이시면서 한 분으로 존재하시는 하나님의 성품 또한 반영될 수 없다.

세상은 하나님의 반대편에 서서 '생물학적 성'은 '성 정체성'이나 '성 역할'과 아무런 상관이 없다고 주장한다. 하지만 창세기 1-2장을 보면, 생물학적 성은 남자와 여자에게 부여된 역할과 직접적인 관련이 있다.

오늘날 세속 문화의 양상은 사람을 남자와 여자로 창조하신 하나님의 질서와 목적에 전쟁을 선포한다. 이러한 문화는 성적

반란을 정당화하려 하며, 결혼을 재정의해 동성 간 결합도 결혼에 포함시키려 한다. 동성 간 결합은 본질상 생육하고 번성할 수 없는데도 말이다.[13]

남자는 동물에 이름을 지어 주며 하나님의 주권을 행사한다(창 2:19-20). 남자는 여자의 이름도 짓는데(창 2:21-23), 남자가 하나님이 주신 권위를 행사하여 여자라는 이름을 짓는 이 일에는 억압이나 착취가 전혀 없다. 배려 없는 행위도 아니다. 이는 사랑하는 마음에서 나온 고상한 행위이다. 생물학적이며 신학적이며 참되며 의로우며 순결하며 시적인 행위이다.

하나님은 광대한 세상을 창조하시고 두 사람을 창조하셨다. 이들은 생육하고 번성하며 땅에 충만하여 땅을 정복하고 모든 동물에게 주권을 행사할 책임이 있었다. 이보다 더 위대한 과업을 상상할 수 있겠는가? 이보다 더 벅찬 도전, 더욱 야심한 사업이 있을 수 있겠는가?

남자와 여자가 이 과업을 완수하도록 하나님은 어떤 일을 행하셨는가? 하나님은 그들을 그분의 형상과 모양대로 만드시고 복을 주셨다(창 1:26-28). 그리고 결혼을 통해 서로에게 서로를 주셨다(창 2:22-24).

창세기 2장 22-23절의 서술은 24절의 선언을 이끌어낸다. 이는 첫 번째 남자와 여자에게 일어났던 일을 모든 인류에게 적용하는 말씀이다. 마태복음 19장 4-5절에서 예수님은 창세기 2장 24절은 사람을 지으신 이가 하신 말씀이라고 가르치셨다. 즉 하나님은 창세기 2장 18-23절에서 일어난 일을 전제로 남자가 부모를 떠나 아내와 합하여 한 몸을 이루어야 한다고 말씀하신 것이라는 뜻이다(마 19:4 참조).

그런데 생각해 보라. 창세기 1-2장까지 남자와 여자는 모두 아버지 또는 어머니가 없었다. 그럼에도 하나님은 창세기 2장 24절에서 남자가 부모를 떠나야 한다고 말씀하셨다. 이는 이 장면 이후를 위해 하신 말씀이다. 이후로 모든 남자에게는 아버지와 어머니가 있을 터였다. 사실 아버지와 어머니 없이는 남자아이, 아니 어떤 아이도 생길 수 없다. 남자아이는 부모를 떠나 아내와 합하여 한 몸을 이루어야 한다. 그리고 이 새로운 짝은 아버지와 어머니가 된다.

창세기 1-2장의 논의를 마치기 전에, 처음의 질문으로 돌아가 지금까지 살펴본 내용을 종합해 보자. 과연 성경의 거대 서사 속에서 일은 어떤 역할을 하는가?

하나님은 사람에게 생육하고 번성하며 땅에 충만하고 땅을 정복하라는 책임을 맡기시고, 모든 다른 피조물에 주권을 행사하라고 하셨다. 그럼으로써 하나님은 그분의 형상을 지닌 자들, 다시 말해 보이지 않는 하나님의 권위와 성품을 대신 드러내는

자들에게 물이 바다를 덮음 같이 하나님의 영광으로 메마른 땅을 덮으라고 하셨다.[14]

곧 사람의 과업이란 본질적으로, 해 뜨는 데서부터 해 지는 데까지 주님의 이름이 찬양을 받으시도록, 세상이 하나님의 선하심을 즐거워하도록, 하나님의 성품이 세상에 알려지고 드러나도록 하는 것이다. 이는 아담의 범죄로 불가능해졌지만, 예수님이 죽으시고 부활하셔서 가능하게 하셨고, 다시 오셔서 완수하실 것이다. 이 땅은 주님의 영광을 아는 지식으로 충만할 것이다.

그렇다면 일에 대한 어떤 명제진리가 성경의 거대 서사에서 흘러나오고 또 흘러 들어가는가?

사람이 번성하고 충만하여 땅을 정복하고 동물에게 주권을 행사하는 과업을 이루는 기초는 결혼이다. 바울은 사람이 타락하기 이전의 이야기인 창세기 1-2장에서 생물학적 성에 의해 결정되는 규범적이고 표준적인 성 역할을 끌어낸다. 바울은 남자와 여자의 행동과 의복이 구별되어야 한다고 주장하는데, 그 근거를 여자가 남자에게서 났고, 여자가 남자를 돕기 위해 창조되었다는 사실에서 찾는다(고전 11:2-16; 딤전 2:9-15 참조).[15]

그러므로 소위 성 평등을 외치는 사람들은 창조주가 생물학적인 성에 근거해 남자와 여자에게 정해 주신 역할을 거부하는 것이다. 나아가 동성 결혼과 트랜스젠더리즘은, 창세기 1장 27절과 2장 24절에서 제시되고 마태복음 19장 4-5절에서 예수님이 밝히신 규범적 본성을 거부함으로써 창조 질서에 반기를 드는 것이다. 동성 결혼은 생육하고 번성할 수 없다. 트랜스젠더 행위는 창조주가 지정하신 성을 거부한다.

다시 긍정적인 측면으로 돌아와, 이 이야기는 가족이라는 맥락에서 남자가 할 일을 제시한다고 볼 수 있다. 아담은 동산을 경작하고 보호해야 했다. 그는 아내와 자녀를 인도해야 했고, 일을 통해 아내와 자녀를 부양해야 했으며, 동산을 지키면서 아내와 자손들을 보호해야 했다.

그렇다면 일은 단순한 노동이 아닌 것인가? 일은 하나님의 형상과 모양을 지키고, 하나님의 형상을 지닌 다른 자들과 이 땅을 충만하게 하며, 하나님의 성품을 따라 땅을 정복하고, 하나님의 대변자로서 다스리는 것이다. 이렇게 일은 하나님의 영광을 가리킨다. 우리는 일함으로써 우리가 일하는 모습을 보는 모든 사람에게 보이지 않는 하나님의 방식을 드러낸다.

그런데 아담이 일하는 방식을 오늘날 우리에게도 적용할 수 있을까? 창세기 1-2장은 성경적 상징주의의 원형적 기원이다. 그러기에 이 장에서 말하는 일, 즉 동산을 경작하고 지키며 땅을 정복하고 피조물에 주권을 행사하는 것은, 사람이 하늘 아래 행하는 모든 일을 상징한다.

우리는 창세기 3장에서 무슨 일이 일어나는지 알고 있다. 그런데 만약 아담이 죄를 범하지 않았다면 어땠을까? 과연 삶은 어떤 모습이었을까?

삶과 일이 원래 어떤 모습이었고, 그 땅에서 누렸던 좋은 삶이 어떠했는지 우리는 성경을 보며 상상력을 더욱 풍성히 할 수 있다. 앞서 살펴본 시편 128편이 그러하고, 또 하나님이 자기 백성에게 주신 언약적 복, 즉 그분의 백성이 하나님의 명령에 순종할 때 하나님이 약속하신 삶의 모습을 다룬 본문에서 찾아볼 수 있다(레 26:1-13, 신 28:1-14 참조).

하나님의 복을 누리는 삶이 원래 어떠했는지 조명하기 위해 하나님의 언약적 복을 깊이 살펴보자.

언약적 복을 통해 보는 에덴의 삶(신 28:1-14)

네가 네 하나님 여호와의 말씀을 삼가 듣고
내가 오늘 네게 명령하는 그의 모든 명령을 지켜 행하면
네 하나님 여호와께서
너를 세계 모든 민족 위에 뛰어나게 하실 것이라
네가 네 하나님 여호와의 말씀을 청종하면

이 모든 복이 네게 임하며 네게 이르리니
성읍에서도 복을 받고 들에서도 복을 받을 것이며
네 몸의 자녀와 네 토지의 소산과
네 짐승의 새끼와 소와 양의 새끼가 복을 받을 것이며
네 광주리와 떡 반죽 그릇이 복을 받을 것이며
네가 들어와도 복을 받고 나가도 복을 받을 것이니라
여호와께서 너를 대적하기 위해 일어난 적군들을
네 앞에서 패하게 하시리라
그들이 한 길로 너를 치러 들어왔으나
네 앞에서 일곱 길로 도망하리라
여호와께서 명령하사
네 창고와 네 손으로 하는 모든 일에 복을 내리시고
네 하나님 여호와께서 네게 주시는 땅에서
네게 복을 주실 것이며
여호와께서 네게 맹세하신 대로 너를 세워
자기의 성민이 되게 하시리니
이는 네가 네 하나님 여호와의 명령을 지켜
그 길로 행할 것임이니라
땅의 모든 백성이
여호와의 이름이 너를 위하여 불리는 것을 보고

너를 두려워하리라

여호와께서 네게 주리라고 네 조상들에게 맹세하신 땅에서
네게 복을 주사 네 몸의 소생과 가축의 새끼와
토지의 소산을 많게 하시며
여호와께서 너를 위하여 하늘의 아름다운 보고를 여시사
네 땅에 때를 따라 비를 내리시고
네 손으로 하는 모든 일에 복을 주시리니
네가 많은 민족에게 꾸어줄지라도 너는 꾸지 아니할 것이요
여호와께서 너를 머리가 되고 꼬리가 되지 않게 하시며
위에만 있고 아래에 있지 않게 하시리니
오직 너는 내가 오늘 네게 명령하는
네 하나님 여호와의 명령을 듣고 지켜 행하며
내가 오늘 너희에게 명령하는 그 말씀을 떠나
좌로나 우로나 치우치지 아니하고
다른 신을 따라 섬기지 아니하면 이와 같으리라

우리는 왜 언약적 복을 통해 사람이 타락 전에 에덴에서 누린 삶의 모습이 어떠했는지 알 수 있을까?

죄로 인해 아담은 에덴에서 추방되었다. 그러나 하나님은 아담을 그 첫 장소에 두셨을 때 성취하고자 하신 자신의 목적을

바꾸지 않으셨다. 그 목적이란 메마른 땅을 자신의 영광으로 덮는 것이다. 지금도 그렇다.

하나님이 창세기 3장 15절에서 하신 약속은 5장과 11장의 족보를 통해 이어져 내려왔고, 12장 1-3절에 나타나는 아브라함이 받은 복에서 더욱 정교해졌다. 아브라함의 복은 26장 3절에서 이삭에게 상속되었고, 28장 4절에서는 야곱에게 상속되었다. 그리고 48장 15-20절에서 요셉의 아들들에게 그 복이 상속되었는데, 다른 한편으로 유다가 그에게서 통치자가 나오리라는 축복을 받았다(창 49:8-12; 대상 5:1-2 참조).

창세기 5장 1-3절은 셋이 아담의 형상과 모양을 하고 있다는 인상을 준다. 어떤 의미에서 아담은 하나님의 형상과 모양을 한 하나님의 아들이다(눅 3:38 참조). 이 논리를 계속 따라간다면, 하나님이 이스라엘 민족을 자신의 장자로 선포하셨을 때 이스라엘 민족은 새로운 아담이 된 것이다.

하나님이 이스라엘을 약속의 땅으로 데려오셨을 때, 이는 마치 새 아담이 새 에덴에 들어와 하나님의 복을 누리며 하나님의 법 아래에서 하나님의 땅에 거하는 새로운 기회를 얻게 된 것과 같았다. 아담이 동산의 지경을 확장하여 세상을 하나님의 영광으로 채워야 했듯이, 이스라엘 왕은 땅 끝까지 자신의 통치를 확장해야 했다(시 2:8-9).

모세 언약을 지킴으로써 약속의 땅을 누린다는 것은, 하나님의 목적을 깨닫고 하나님의 복을 경험하는 것이었다. 누군가 아담의 죄를 극복하고 그 복을 누린다면, 그는 에덴동산에서 사는 것과 같았다.

여기서 우리는 주로 신명기 28장을 살펴보겠지만, 그전에 레위기 26장을 잠시 언급하려 한다. 여기에는 특별히 에덴동산의 모습과 들어맞는 한 가지가 나오는데, 바로 하나님의 임재다.

에덴의 삶에서 가장 좋은 점은 하나님이 거기서 사람과 함께하셨다는 사실이다(창 3:8). 이스라엘이 약속받은 삶에서 가장 좋은 점은 하나님이 그들과 함께하겠다고 약속하신 것이다(레 26:11-13). 레위기에서 한 번 언급된 이 사실은 모세의 다른 모든 진술에도 내포된다. 때문에 신명기 28장에서 다시 말할 필요가 없다. 하나님의 임재를 즐거워하면, 사막의 삶도 에덴의 삶처럼 느껴진다(출 33:15 참조).

하나님의 임재가 없는 에덴은 삶을 신성하게 하는 유일한 분이 결핍된 지옥과 같다. 하나님이 없는 에덴의 삶은, 프랑스 남부의 휴양지나 미국 비벌리 힐스의 고급 주택가에서 하나님 없이 사는 것과 같다. 하나님 없는 천국은 지옥에 지나지 않는다.

신명기 28장 1-14절은 이스라엘 백성이 여호와께 순종하고 명령을 지키면 이러저러한 복을 알게 되리라는 말로 시작하고 닫는다(1, 13-14절). 순종하는 자에게 약속되는 복은 3-12절에 나오는 좋은 일들이다.

신명기 28장 3-6절을 보면 전체를 아우르기 위해 대조되는 두 극단을 연속적으로 제시한다. 이를 대조제유법(merism)이라 하는데, 예를 들어 "하늘 끝에서 땅 끝까지 살폈다."는 표현은 모든 곳을 살폈다는 뜻이다.

마찬가지로 성읍과 들에서 복을 받는다는 말은(3절) 그곳뿐만 아니라 다른 모든 곳에서도 복을 받는다는 뜻이다. 몸의 자녀와 토지의 소산과 짐승의 새끼와 가축의 새끼가 복을 받는다는 말(4절)은 모든 형태의 생명이 하나님께 복을 받는다는 뜻이다. 즉 사람과 동물과 땅이 복을 받는다는 뜻이다. 광주리와 떡 반죽 그릇이 복을 받는다는 말(5절)은 모든 종류의 음식물이 복을 받는다는 뜻이다. 또 들어와도 복을 받고 나가도 복을 받는다는 말(6절)은 어디로 가든지 복을 받는다는 뜻이다.

즉 이 말씀은 하나님께 순종하는 사람이 행하는 모든 일과, 그를 둘러싼 모든 생명과, 그의 모든 발걸음이 복을 결과로 낳으리라는 선포이다. 시편 1편을 함께 생각해 보라.

신명기 28장 7절은 하나님이 그 백성의 적군을 패하게 하신다고 말한다. 8절은 그 백성의 창고와 그들이 손으로 하는 모든 일에 복을 주실 것이라 말한다. 9절은 하나님이 그분께 순종하는 백성을 거룩하게 구별하실 것이라 말한다. 그 결과 하나님의 이름이 하나님의 백성을 위해 불릴 것이다. 땅의 모든 백성이 이를 듣고 그들을 두려워할 것이다(10절).

신명기 28장 11절은, 하나님이 아브라함에게 주신 땅과 씨와 복에 대한 약속(창 12:1-3)을 실질적으로 다시 선언한 것이다. 여기서 하나님은 그분께 순종하는 백성의 소생과 가축의 새끼와 토지의 소산을 많게 하겠다고 하신다. 하나님은 그들에게 때에 따라 비를 내리시고, 그들의 손으로 하는 모든 일에 복을 주실 것이다. 그들은 꾸어 줄지라도 꾸지 않을 것이다(12절).

이보다 더 좋은 삶이 있겠는가?

신명기 28장 1-14절은 좋은 삶이 무엇인지 알려주며, 하나님의 백성이 순종한다면 이 삶을 얻으리라고 말한다. 언약적 복이 그리는 이 삶은 타락 이후에도 타락 이전의 기쁨을 누릴 수 있다는 가능성을 보여준다. 하나님은 아담과 하와를 에덴에서 쫓아내셨지만, 그분과 함께하며 말씀에 순종하는 자들에게는 에덴 밖에서도 에덴과 같은 경험을 할 수 있는 기회를 주셨다.

죄가 사망을 낳았다. 그런데 하나님은 생명을 약속하셨다. 어떻게 그럴 수 있는가? 하나님의 사랑이 죽음보다 강하기 때문이다(아 8:6 참조). 이 사랑으로 하나님은 대속의 희생제물을 마련하고 생명을 약속하셨다.

옛 언약의 맥락에서 보면 생명의 약속은 순종하느냐의 여부에 달려 있다. 순종에는, 죄에 따르는 죄책을 깨닫고 이를 대속하기 위해 피의 제물을 드리는 의무가 포함되었다(레 5:1-6, 18:5 참조). 옛 언약 아래에 있던 자들에게 생명을 준 이 피의 제사는 그리스도께서 십자가에서 죽으심으로 완성되었다. 히브리서 저자가 이를 입증했다.

성경의 거대 서사에서 우리는 언약적 복에 대한 소망이 심지어는 하나님의 백성이 하는 '일'에까지 영향을 미치는 것을 본다. 언약적 복에서 찾을 수 있는 한 가지 분명한 명제진리는 하나님이 약속하신 복은 순종 여부에 달려 있다는 것이다. 일은 계속해서 일을 넘어서는 무언가를 가리킨다. 하나님의 백성이 일을 하는 방식에서 하나님의 성품이 드러날 것이다.

하나님은 사람을 동산에 두고 일하게 하셨다. 그리고 사람이 하는 일에 복을 주고자 작정하셨다. 성경은 아담의 범죄 이후 사람의 삶과 일이 변했다고 말한다. 어떻게 변했다고 하는가?

이 질문에 답하기 위해 우리는 하나님이 창세기 3장 16-17절에서 말씀하신 내용을 살펴볼 것이다. 그러나 그 전에 언약적 복이 첫째, 적으로부터의 보호(신 28:7, 10), 둘째, 육신의 자녀에 대한 축복(4, 11절), 셋째, 토지의 소산에 대한 축복(3, 4, 8, 11절)과 관련되었음에 주목해야 한다.

이는 창세기 3장 14-19절에 나오는 심판의 말씀과 정확하게 짝을 이룬다. 첫째, 창세기 3장 15절에서 하나님의 백성과 뱀의 후손 사이에 적대감이 들어왔다. 둘째, 16절에서 해산에 고통이 더해졌다. 셋째, 17절에서 땅이 저주를 받았다.

일에 하나님의 심판이 임하다(창 3:16-19)

또 여자에게 이르시되
내가 네게 임신하는 고통을 크게 더하리니
네가 수고하고 자식을 낳을 것이며
너는 남편을 원하고 남편은 너를 다스릴 것이니라 하시고
아담에게 이르시되
네가 네 아내의 말을 듣고
내가 네게 먹지 말라 한 나무의 열매를 먹었은즉
땅은 너로 말미암아 저주를 받고
너는 네 평생에 수고하여야 그 소산을 먹으리라
땅이 네게 가시덤불과 엉겅퀴를 낼 것이라
네가 먹을 것은 밭의 채소인즉
네가 흙으로 돌아갈 때까지

얼굴에 땀을 흘려야 먹을 것을 먹으리니
네가 그것에서 취함을 입었음이라
너는 흙이니 흙으로 돌아갈 것이니라 하시니라

우리는 창세기 1-2장에서 하나님이 남자와 여자를 창조하시고 무엇을 성취하게 하셨는지 살펴보았다. 그리고 신명기 28장 1-14절을 보면서 죄가 들어오기 이전 생명의 땅 에덴에서 하나님의 복 아래 누리던 삶이 어땠을지도 언뜻 보았다. 이제는 창세기 3장 16-19절로 가서 하나님이 아담의 죄에 내리신 심판의 말씀이 하나님이 인간에게 주신 일에 어떤 영향을 미쳤는지 알아볼 것이다.

여자는 남자와 함께 생육하고 번성하며 남자를 돕도록 창조되었다. 그런데 창세기 3장 16절에서 하나님은 여자에게 임신하는 고통과 남자의 권한을 거부하려는 열망을 주시고, 또 남자가 아내를 혹독하게 대하리라고 말씀하셨다. 곧 여자의 일이 더욱 어려워진 것이다.

그런데 여자에게 주어진 심판의 말씀에서 우리가 가장 먼저 주목해야 할 것이 있다. 바로 하나님도 여자도 모두 여자의 생명이 계속될 것을 기정사실로 받아들이고 있다는 점이다. 이는 창세기 2장 17절에서 하나님이 선악을 알게 하는 나무의 열매를 먹으면 반드시 죽으리라고 말씀하신 것을 생각할 때 놀라운 일이다.

남자와 여자가 계속해서 살아간다는 것, 그리고 어찌 되었든 임신과 출산이 이어진다는 사실은 하나님이 뱀에게 하신 말씀과 함께 소망을 준다. 그렇다면 심판의 말씀은 오히려 하나님의 자비가 된다. 하나님은 남자와 여자를 죽일 완전한 권리가 있으셨지만, 자비를 베푸셔서 생명이 계속되게 하셨다.

그러나 남자와 여자가 하나님의 자비로 누리게 된 그 생명은 새로운 고통으로 얼룩지게 되었다. 창세기 3장 16절과 17절에서 "고통"으로 번역된 단어(개역개정에서는 "고통"과 "수고"로 번역됨-역주)는 구약 성경에 단 세 번 등장하는데, 그 세 번째는 창세기 5장 29절이다. 노아의 아버지 라멕은 이제 태어난 자기 아들이 일의 고통에 쉼을 가져오기를 바랐다.

죄 때문에 여자는 하나님께 불순종하지 않았다면 몰랐을 고통을 겪게 되었다. 여자는 남자와 함께 생육하고 번성하라는 명령을 받았는데, 이제 그 일이 오히려 고통스러워진 것이다.

또 여자는 남자를 돕도록 지어졌지만, 창세기 3장 16절은 여자가 자기 남편을 "원하게" 되리라고 말한다. 여기서 "원하다"로 번역된 단어는 구약 성경에 단 세 번 등장한다. 다른 두 번은 창세기 4장 7절과 아가서 7장 10절인데, 모두 창세기 3장 16절에서 사용된 이 단어의 의미를 밝혀 준다. 창세기 4장 7절에서 하나님은 가인에게 "죄가 너를 원하나 너는 죄를 다스릴지니라"고 말씀하셨다. 이 구문과 용어는 창세기 3장 16절과 놀라울 정도로 서로 응하는데, 두 구절을 정리하면 다음과 같다.

"너는 남편을 원하겠지만 남편이 너를 다스릴 것이다"(창 3:16).
"죄가 너를 원하겠지만 너는 죄를 다스려야 한다"(창 4:7).

아마도 모세는 청중이 두 말씀을 서로 비추어 보며 해석하기를 바랐던 것 같다. 창세기 4장 7절은 죄가 가인을 원한다고 말한다. 이는 죄가 그의 행동을 결정하기 원한다는 뜻이다. 가인은 자신에게 영향력을 미치려는 죄의 시도를 거부함으로써 죄를 다스려야 했다. 이 말씀에 비추어 창세기 3장 16절을 보면, 여자가 남편을 원한다는 말은 여자가 남편의 행동을 결정하기 원한다는 뜻이고, 남자가 여자를 다스릴 것이라는 말은 남자가 여자의 영향력을 거부하고 억제할 것이라는 뜻으로 해석된다.

창세기 2장 25절에서 누리던 그 조화로운 관계, 즉 벌거벗어도 부끄럽지 않던 관계는 사라졌다. 여자는 이제 돕는 배필로 창조된 자신의 역할을 받아들이지 않을 것이다. 남자는 이제 여자의 조언을 사랑스럽게 받아들이지 않을 것이다. 하나님이 여자에게 하신 심판의 말씀은 결국 그가 돕도록 만들어진 사람과 겪게 될 관계의 어려움이다.

하나님이 여자를 창조하시고 행하게 하신 두 가지 일에 하나님의 심판이 임했다. 첫째, 여자는 아이를 낳을 때 고통을 겪을 것이다. 둘째, 자신이 도와야 할 남자와의 관계에서 어려움을 겪을 것이다. 죄로 인해 여자의 과업은 더욱 어려워졌다. 하지만 하나님의 자비로 여전히 그 과업을 행할 수 있다. 앞으로 보게 되겠지만, 아직 소망이 있다.

남자도 죄로 인해 하나님이 행하도록 창조하신 일을 완수하기 어려워졌다. 남자의 역할은 동산을 경작하고 지키는 것이었는데, 하나님이 남자와 여자를 모두 동산에서 내보내셨다(창 3:23). 거기에 더해 남자는 하나님이 저주하신 땅에서 고통스러운 수고를 해야 한다는 말씀을 받는다(17절).

남자는 여자를 거룩함으로 인도해야 했지만, 오히려 여자를 따라 죄를 범한 잘못이 있었다. 그래서 주님은 "네 아내의 말을 듣고"(17절)라는 말로 심판의 서문을 여신다. 이어서 주님은 하지 말라고 한 바로 그 일을 행했다고 남자를 책망하신다. 그리고 땅을 저주하신다.

뱀은 창세기 3장 14절에서 저주를 받았다. 그러나 남자와 여자는 저주를 받지 않았다. 다만 하나님이 그들에게 성취하도록 하신 과업에 고통과 문제가 더해졌을 뿐이다. 남자는 복을 받은 창조세계가 아닌 저주를 받은 땅에서 수고를 해야 했으며, 평생 그 소산을 얻기 위해 고통을 당해야 했다. 장애물과 방해물이 남자의 수고를 좌절케 할 것이며(18절), 죽을 때까지 남자는 땀 흘리며 고군분투하게 되었다(19절).

성경의 거대 서사에서 하나님의 심판이 남자와 여자가 아닌, 남자와 여자에게 주어진 일에 임했다는 사실이 흥미롭다. 이 이야기에서 우리는 다음과 같은 명제진리를 끌어낼 수 있다. 하나님은 사람을 창조하시고는 일하게 하셨는데, 죄가 하나님의 심판을 불러왔고, 그로 인해 일이 매우 고통스러워졌다. 환경이 저주를 받았고, 남자와 여자의 관계가 망가졌다.

죄 때문에 일은 무익한 것이 되었고, 좌절감을 주는 것이 되었다. 그리고 죽음이 들어왔다. 모든 사람은 죽는다.

에덴동산 밖에서의 일

그렇다면 과연 사람에게 소망이 있는가? 물론이다! 일 때문에 소망은 건재하다. 비록 죄와 심판 때문에 어려워졌지만, 일은 계속해서 하나님의 성품을 가리키기 때문이다. 비록 일이 저주를 받았지만, 남자와 여자는 계속해서 일을 하도록 허락받았다. 이는 사람이 이 세상에서 여전히 하나님의 방법을 알릴 수 있다는 뜻이다. 그리고 이 사실이 우리의 소망이 되는 근거는 바로 악이 패배할 것이라는 하나님의 말씀에 있다(창 3:15).[16]

앞에서 우리는 창세기 3장 16절에 있는 여자의 일에 대한 심판을 살펴보았다. 거기서 우리는 하나님이 여자에게 하신 말씀은 여자와 남자 모두 계속해서 살아갈 것이며, 계속해서 아이를 낳고 일을 할 수 있다는 하나님의 자비라는 것에 주목했다.

이는 하나님이 창세기 3장 14-15절에서 뱀에게 하신 말씀과 조화를 이루며 모든 성경적인 신앙과 소망에 토대를 놓는다. 즉 하나님은 14절에서 뱀을 저주하시고, 15절에서 뱀과 여자 사이, 뱀의 후손과 여자의 후손 사이에 반목을 주겠다고 하셨다. 뱀과 반목이 있으려면 남자와 여자가 계속해서 살아야 한다. 뱀의 후손과 여자의 후손 사이에 반목이 있으려면 남자와 여자가 자손을 낳아야 한다.

그리고 15절에서 하나님은 마지막으로 이렇게 말씀하셨는데, 여자의 후손이 뱀의 머리를 상하게 하고 뱀은 그 발꿈치를 상하게 하리라는 것이다.

남자는 하나님이 14-19절에서 하신 말씀을 믿고 아내의 이름을 "하와"라고 짓는다. 하와는 '모든 산 자의 어머니'라는 뜻인데

(20절), 이는 믿음의 행위였다. 창세기 4장 1절과 25절에서 하와가 가인과 셋의 출생에 보인 반응은, 하와가 뱀의 머리를 상하게 할 후손을 기대했다는 사실을 보여준다.

아담과 하와가 아들의 출생에서 품은 소망은, 여자의 후손이 뱀의 머리를 상하게 하리라는 하나님의 약속 위에 세워진 것이었다. 그 소망이 여자로 하여금 고통스러운 산고를 견디게 했고, 바로 그 소망이 아담과 하와가 관계의 어려움을 헤치며 부부 관계를 유지하고 자손을 낳도록 했다. 그 소망은 아담이 땀을 흘리는 수고와 고통스러운 노동을 견디도록 도왔고, 세대를 거쳐 상속되었다.

이 약속이 일에 대한 사람의 기대에 어떤 영향을 미쳤는지 창세기 5장 29절에서 볼 수 있다. 여기서 라멕은 아들을 낳고 "이름을 노아라 하여 이르되 여호와께서 땅을 저주하시므로 수고롭게 일하는 우리를 이 아들이 안위하리라 하였더라"고 말한다. 이 선언은 창세기 3장 16-19절에서 사용된 개념과 용어를 15절과 결합한 것이다. 라멕은 노아가, 뱀의 머리를 상하게 하리라고 하나님이 약속하신 여자의 후손이기를 소망했다.

라멕은 더 나아가 노아의 승리가 저주를 물러나게 하고 수고로운 일에서 쉼을 얻게 하기를 소망한 듯하다. 앞에서 다루었듯 노아의 이름은 창세기 2장 15절, "여호와 하나님이 그 사람을 이

끌어 에덴 동산에서 쉬도록"(저자 역)에서 사용된 단어와 동일한 어근이다.

이렇듯 모세는 이들을 일과 일의 고통에서 쉼을 가져올 약속의 구원자로 제시한다. 그러나 창세기 5장 29절이 말하는 안위가 3장 17절에서 가져온 것임을 생각할 때 안위의 핵심은, 사람이 일에서 놓임을 받는 것이 아니다. 일에 내려진 하나님의 심판이 제거되는 것이다.

하나님은 사람을 창조하신 후 땅에 충만하고 땅을 정복하고 주권을 행사하라는 임무를 주셨다. 하나님은 사람을 일하도록 창조하셨다. 그러나 사람이 죄를 지었고, 그 결과 하나님은 사람이 하는 일에 심판의 말씀을 하셨다. 그런데 동시에 하나님은 여자의 후손을 주겠다고 약속하셨다. 이는 정의가 만족되고 저주가 사라지며, 일이 다시 한 번 하나님의 복을 받아 죄로 인한 방해와 제약에서 벗어날 날을 예고한다.

일의 의미를 찾고 나를 찾는 질문

1. 직업, 직장, 적성, 연봉이 아닌 '일'에 대한 고민은 그리스도인만이 할 수 있는 고민 같다. 일이 무엇인지, 왜 일을 해야 하는지 고민한 적 있는가? 당신이 생각하는 일이란 무엇인가?

2. 사람은 일을 하도록 창조되었다는 말에 어떤 생각이 드는가? 천국에서도 일을 할 것이라는 생각을 한 적이 있는가? 당신이 생각하는 천국은 어떤 모습인가?

3. 안식이란 무엇인가? 당신은 언제 쉼을 느끼는가? 안위의 핵심은 일에서 놓임을 받는 것이 아니라 일에 내려진 심판이 제거되는 것이라는 말에 동의하는가?

4. 에덴동산에서 아담의 일은 어떤 모습이었을 것 같은가? 지금 당신이 하는 일은 어떤 면이 아담의 일과 닮았는가?

5. 1장을 읽은 후 일에 대한 생각이 바뀐 부분이 있는가? 앞으로 일을 할 때 어떤 면에 변화가 있을 것 같은가?

PART 2

타락,
고된 노동이 되어버린 일

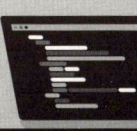

Work &
Our Labor
in the Lord

하나님은 그분의 형상을 따라 남자와 여자를 창조하시고 그들이 생육하고 번성하며 땅에 충만하고 땅을 정복하고 주권을 행사하게 하셨다. 그뿐 아니라 아담을 동산에 두어 그곳을 경작하고 지키게 하셨으며, 여자를 동산에 두어 남자를 돕게 하셨다.

그러나 죄를 저지른 남자와 여자는 에덴동산으로부터, 곧 하나님의 임재로부터 추방되었다. 하나님은 뱀의 후손과 여자의 후손이 원수가 되게 하셨는데, 이는 뱀처럼 하나님께 반역하는 자들은 하나님께 굴복하고 순종하는 자들의 원수가 된다는 뜻이다.

하나님은 여자가 자녀를 낳고 남자를 돕는 일을 더욱 어렵게 하셨다. 땅을 저주하셔서 남자의 일을 더욱 고통스럽고 수고롭게 하셨다. 에덴동산에서 쫓아난 남자와 여자는 일하기가 더욱 어려워졌다.

창세기 5장에서는 여자의 후손이 아담에서부터 노아까지 열 대에 걸쳐 이어지는데, 우리는 노아의 출생에서 소망을 본다. 11장에서는 노아의 아들 셈에서부터 아브라함까지 그 후손을 추적한다.

12장 1-3절에서는 3장 15절[1]에 나온 여자의 후손에 대한 하나님의 약속 위에 아브라함에게 주신 하나님의 약속이 덧입혀진다. 12장 1-3절에서 하나님은 아브라함에게 땅과 후손과 복을 주겠다고 약속하신다. 곧 하나님의 백성이 다시 한 번 하나님의 임재를 즐거워하게 될 땅, 하나님의 영토를 다시 찾는 발판이 될 그 땅에 대한 계획을 약속하신다.

하나님은 또한 남자와 여자가 관계에서 겪는 어려움 또는 해산의 고통도 하나님이 그분의 백성을 창대케 하는 복을 막을 수 없다고 약속하신다. 그리고 아브라함을 축복하는 모든 자에게 복을 주시고, 아브라함을 저주하는 모든 자를 저주하겠다고 약속하신다. 마치 누구든 아브라함에게 대적하는 자는 뱀과 동조하는 것이며 그는 그 아비인 마귀와 마찬가지로 저주를 받을 것이라고 하나님이 선포하시는 듯하다(창 3:14, 4:11, 9:25, 12:3 참조).

아담에게서 나온 자는 모두 에덴 밖에서 살고 일한다. 그러나 언약적 복(레위기 26장, 신명기 28장)을 통해 보듯이, 하나님은 이스라엘 백성의 삶이 그들의 순종을 통해 에덴과 같아지리라는 가능성을 붙잡고 계신다. 실제로 신명기 28장에서 하나님은 이스라엘 백성에게 땅과 후손과 복을 약속하신다. 그중 최고는, 에덴에서도 그러했듯 하나님이 그들과 함께하신다는 것이다(레 26:11-13).

이제 우리는 관심을 돌려 타락 이후에 일이 어떻게 되었는지 살펴보려 한다. 죄가 우리의 존재와 행위에 미친 비극적이고 끔찍한 영향을 성경이 어떻게 그리는지 볼 것이다.

우리는 타락했다. 이는 우리의 일 또한 타락했음을 의미한다. 죄는 모든 것을 더욱 어렵게 만들었다(창 4:12 참조). 사망은 우리가 하는 모든 일에 무익함, 무의미, 공허함을 들여놓았다. 그러나 비록 추방당했지만 하나님의 은혜로 우리는 이 타락한 세상의 공허함 가운데서도 번성할 수 있다.

이번 장의 목적은 죄가 들어온 이후, 에덴 밖에서의 일에 대해 구약이 어떤 이야기를 하는지 그 단면을 보여주는 것이다. 다음과 같이 세 부분으로 나누어 알아보자.

1) 타락한 이후
❶ 일과 정체성: 창세기 4장
❷ 비교와 살인: 창세기 4장

2) 헛된 세상에서
❶ 헛되고 헛되니 모든 것이 헛되도다: 전도서 2장 18-25절
❷ 지혜로운 일: 잠언에 나타나는 아버지의 가르침
❸ 지혜로운 여성의 일: 잠언 31장

3) 번영한 사람들

❶ 좋은 본보기: 요셉, 다니엘, 느헤미야, 룻

❷ 타락한 세상에서 번성하는 법

사람이 죄로 타락한 이후 일어난 일들을 모세가 어떻게 설명하는지 알아보며 시작하겠다.

1) 타락한 이후

여기서 우리는 일과 정체성이 구별될 수 없다는 점과 죄가 일을 더 어렵게 만들었다는 점을 살펴볼 것이다.

❶ 일과 정체성: 창세기 4장

에덴 밖에서도 아담과 하와는 땅을 정복하고 동물을 다스려야 했다. 아담과 하와의 자녀들도 그랬다.

첫째 아들인 가인은 땅에서 일하는 자였고, 둘째 아들인 아벨은 양을 치는 자였다. 모세는 가인을 "농사하는 자"(창 4:2)라고 묘사하는데, 이는 창세기 2장 15절에서 아담을 설명하며 동산을 "경작하게" 하셨다고 할 때와 같은 동사이다.

인류의 첫 번째 가족은 에덴 밖에서 생육하고 번성했으며, 하나님이 주신 과업을 수행했다.

때때로 나는 사람을 처음 만날 때 무슨 일을 하는지 묻기가 주저된다. 그 사람이 하는 일로 그 사람을 이해하려는 게 너무 단순한 접근 방식이라는 생각이 들기도 하고, 다른 한편으로는 그 사람이 하는 일을 알면 그가 누구인지 너무 금방 알아버린 느낌이 들기도 하기 때문이다. 아마도 이런 머뭇거림은 이전에 같은 일로 나를 힘들게 했던, 몇몇 아는 체하는 사람들과 나눈 대화 때문인지도 모르겠다.

그러나 창세기 4장 2절이 가인과 아벨에 대해 어떻게 말하는지 보라. 성경은 아무런 거리낌 없이 그들을 일과 동일시한다.

하나님은 사람을 일하도록 창조하셨다. 그리고 하나님의 형상과 모양을 한 사람은 일을 하며 하나님의 성품을 반영한다. 스티브 코벳과 브라이언 피커트는 이렇게 말했다. "하나님은 그분 스스로가 일꾼이시다. 그러기에 일을 만드셔서 사람이 일을 통해 그분을 예배할 수 있게 하셨다."[2]

우리는 하나님의 형상을 띠도록, 하나님을 알도록 창조되었다. 하나님은 우리가 일을 통해 그분의 성품을 드러내도록 우리를 창조하셨다. 우리가 하나님의 성품을 나타내는 방식은 우리가 하는 일의 종류에 따라 천차만별이다.

물론 한 사람이 하는 일이 그에 대한 전부는 아니다. 우리는 그에 대해 알아야 할 것이 훨씬 많다. 그러나 그 사람이 하는 일을 알면, 그가 자기 시간 대부분을 어떻게 보내는지 알 수 있다.

창세기 4장 21-22절에 나오는 유발과 두발가인도 그들이 하는 일과 동일시된다. 사실 구약 성경 내내 그러하다. 물론 일 말고도 한 사람에 대해 알아야 할 것이 더 많지만, 일은 그 사람의 기질, 그가 좋아하는 것, 그가 어떤 훈련을 받았는지, 낮 동안 어떤 환경에 있는지 등 많은 내용을 가르쳐 준다.

❷ 비교와 살인 : 창세기 4장

창세기 4장에 나오는 가인과 아벨 사이에 있었던 일은, 주님이 우리가 어떻게 일하기 원하시는지, 또 노동의 결실을 어떻게 다루기 원하시는지 보여준다.

창세기 4장 3-7절에서 아벨은 자신이 거둔 노동의 결실로 하나님께 영광을 돌렸지만, 가인은 그렇지 못했다. 가인은 하나님을 기쁘시게 하지 못했고, 그 사실에 실망하는 것이 아니라 오히려 화를 냈다(5절). 가인은 주님께 마음을 드리지 못한 것, 주님을 기쁘시게 하지 못한 자신에게 실망해야 했다. 하지만 오히려 화를 냈다.

아마도 이는 가인이 자신에게 마음을 쏟았기 때문이다. 주님은 가인에게 왜 분을 내냐고 물으시며(6절) 그를 압박하며 이 문제를 다루셨다. 그리고 그가 선을 행하면 용납을 받으리라고 말씀하셨다(7절). 여기서 모세는 주님이 가인의 제물을 받지 않으신 것은 가인의 마음 상태 때문임을 드러낸다.

가인은 주님을 기쁘시게 하기 위해 일하지 않았다. 일의 열매를 사용해 주님을 기쁘시게 하지도 않았다. 오히려 가인은 일하면서 자신에게 마음을 쏟았고, 자신이 일하여 맺은 열매로 무엇을 할지 스스로 정했다. 모세는 이야기를 이어가면서, 가인이 자신을 높이고 다른 이를 낮게 여겼음을 분명히 보여준다.

우리는 창세기 4장 4-5절에서 가인과 아벨을 비교하게 된다. 가인과 아벨을 보며 어떤 생각이 드는가? 이 이야기에 우리의 마음이 어떻게 반응하느냐에 따라 우리의 마음이 무엇을 사랑하는지 드러난다. 하나님과 다른 사람들을 사랑하는 사람이라면, 하나님이 가인이 행한 일을 높이 평가하지 않으심을 보고, 가인이 스스로를 겸손하게 하고 주님을 기쁘시게 하고자 힘쓰며 잘못을 바로잡기를 바랄 것이다.

모세는 이 이야기를 듣는 사람이 가인을 동정하기보다 하나님 편에 서기를 바랐다. 가인이 자기 자신을 사랑했음을 사람들이 깨닫기 바랐다. 가인은 하나님이 기뻐하지 않으셨다는 이유로 자신이 무시당했다고 생각했다. 가인은 회개하고 잘못을 바로잡기는커녕 아벨을 죽이고 만다(8절).

가인이 아벨을 살해한 사건은, 인류를 향한 하나님의 목적과 완전히 어긋나는 예이다. 그래서 이 이야기는 인류를 통한 하나님의 목적이 무엇인지 더욱 강렬하게 전한다.

- 하나님은 자신의 형상과 모양대로 사람을 만드셔서 이 땅에 하나님의 성품과 권세를 대변하게 하셨다. 그러나 가인은 원수의 성품을 대변했다(요 8:44, 요일 3:12 참조).

- 하나님은 생육하고 번성하라고 사람을 만드셨다. 그러나 가인은 생명을 죽임으로써 하나님의 목적을 거부했다.

- 하나님은 사람이 땅을 정복하고 동물들을 다스려 생명이 풍성하도록 돕게 하셨다. 그러나 가인은 생명이 번성하도록 돕는 것이 아니라 오히려 생명을 끝내고 말았다.

마찬가지로, 창세기 4장 11-12절에서 하나님이 가인에게 보이신 반응은 그를 창세기 3장 14절에서 저주받은 뱀과 동일시하신 것이다. 하나님은 창세기 3장 14절에서 뱀을 저주하셨는데,

이 말씀을 4장 11절에서 가인에게 되풀이하신다. 다시 말해 가인은 저주받은 자들 편에 서게 된 것이다. 함의 자손들이 그러했고(창 9:25), 아브라함을 저주하는 자들이 그러했다(창 12:3). 따라서 이 이야기는 이렇게 가르치고 있다. "가인 같이 하지 말라 그는 악한 자에게 속하여 그 아우를 죽였으니"(요일 3:12).

또한 우리는 가인이 "땅에서 저주를 받는 것"(창 4:11)을 본다. 가인은 "농사하는 자"(2절)이다. 그러나 이제 땅은 그와 협력하지 않는 데 힘을 쏟을 것이다. 가인에게는 집이나 피난처도 없다. 그는 숨을 곳 없는 도망자가 되어 참된 집이 없는 방랑자로, 저주받은 땅의 경작자로 살 것이다.

이 이야기는 잠언 3장 6절의 메시지를 전한다. "너는 범사에 그를 인정하라 그리하면 네 길을 지도하시리라." 즉, 사람은 범사에 하나님을 알도록 창조되었다. 우리는 모든 일을 할 때 자기 자신이 아닌 하나님을 기쁘시게 하도록 일한다. 잠언 3장 9절은 가인의 재물에 말한다. "네 재물과 네 소산물의 처음 익은 열매로 여호와를 공경하라." 우리의 재물과 소산물은 주님을 높이기 위해 사용되어야 한다.

이 이야기는 우리에게 사람은 자신을 위해 일하는 것도, 자신을 위해 일의 결실을 수확하는 것도 아니라는 점을 가르친다. 우리는 주님을 추구하며 살아간다.

가인의 죄와 그 심판에 대한 이야기는 성경의 거대 서사와 맥을 같이한다. 가인의 죄로 인해, 우리가 행하도록 부르심을 받은 그 일에 다시 심판이 임했다. 하나님의 심판의 말씀은 아담과 하와 때처럼 가인의 일에도 그대로 적용된다. 가인은 자신이 맡은 일에 하나님의 성품을 드러내는 만족스러운 경험을 하지 못했다. 일은 죄로 인해 저주를 받고 더욱 어려워졌다.

이 이야기는 또한 아담의 죄로 인한 끔찍한 결과물을 분명하게 밝힌다. 에덴에서는 하나님의 임재 가운데 벌거벗어도 부끄러움을 느끼지 못했지만, 아담에게서 나온 모든 이는 그렇지 못하다.[3] 아담의 모든 후손은, 아담이 에덴을 떠나야 했던 그 사건으로 인해 고난을 받는다. 그리고 가인의 죄는 아버지의 죄를 더욱 악화시켰다.

하나님은 아담과 하와에게 그들의 형상을 한 후손으로 세상을 채우라고 명령하셨다. 그런데 아담의 아들들은 폭력으로 이 땅을 채웠다(창 6:11). 심지어 홍수 이후에도 사람은 하나님께 순종함으로 그분을 경배하는 것이 아니라, 하나님이 주신 독창성을 발휘해 하나님께 반역을 꾀했다(창 11:1-4).

이 이야기에서 발견되는 명제진리는 만물이 아담의 원죄의 영향을 받았으며(롬 5:12-21 참조), 죄에 대한 심판의 결과로 일이 더욱 어려워졌다는 사실이다.

우리는 가인과 아벨이 노동으로 얻은 결실과 더불어 그들이 행한 일이 무엇을 상징하는지 잘 생각해 보아야 한다. 이 형제가 드러낸 그들의 성품과 그 자손에 대해 주님이 보이신 반응은, 이 형제가 주님께 가져온 제물만이 아니라 그들의 마음 상태까지를 포함한 것이었다.

2) 헛된 세상에서

창세기 4장의 이야기는 창세기 5장의 계보로 이어진다. 여기에는 "살고 죽었더라"는 구절이 반복된다. 죄는 세상에 죽음을 들여놓았다. 그리고 사망은 모든 것을 헛되게 만들었다. 전도서는 이 헛됨에 어떻게 반응해야 하는지 가르친다.

여기에서는 다음 세 가지에 대해 전도서와 잠언이 어떻게 가르치는지 살펴보려 한다. 하나, 죄로 인해 세상에 사망이 들어왔으며, 사망이 일을 헛되게 만든 것에 대해(물론 궁극적인 의미에서는 다르다). 둘, 아버지가 자녀에게 가르쳐야 하는 내용에 대해. 셋, 가정이라는 맥락 안에서 여자가 받은 부르심에 대해.

나는 잠언의 가르침도 "헛되도다"라는 제목 아래 전도서와 함께 묶었다. 우리가 타락한 세상에서 겪는 좌절에도 불구하고 전도서의 가르침에 귀 기울여야 하듯, 잠언의 교훈들도 그러하기 때문이다. 잠언과 전도서에서 우리는 망가진 세상에서 최선을 이끌어 낼 방법을 배운다.

❶ 헛되고 헛되니 모든 것이 헛되도다: 전도서 2장 18-25절

내가 해 아래에서 내가 한 모든 수고를 미워하였노니
이는 내 뒤를 이을 이에게 남겨 주게 됨이라
그 사람이 지혜자일지, 우매자일지야 누가 알랴마는
내가 해 아래에서 내 지혜를 다하여 수고한 모든 결과를
그가 다 관리하리니 이것도 헛되도다
이러므로 내가 해 아래에서 한 모든 수고에 대하여
내가 내 마음에 실망하였도다
어떤 사람은 그 지혜와 지식과 재주를 다하여 수고하였어도
그가 얻은 것을 수고하지 아니한 자에게
그의 몫으로 넘겨 주리니
이것도 헛된 것이며 큰 악이로다
사람이 해 아래에서 행하는 모든 수고와
마음에 애쓰는 것이 무슨 소득이 있으랴
일평생에 근심하며 수고하는 것이 슬픔뿐이라

그의 마음이 밤에도 쉬지 못하나니 이것도 헛되도다
사람이 먹고 마시며 수고하는 것보다
그의 마음을 더 기쁘게 하는 것은 없나니
내가 이것도 본즉 하나님의 손에서 나오는 것이로다
아, 먹고 즐기는 일을 누가 나보다 더 해 보았으랴

전도서의 주제는 삶과 일이란 본질상 힘들고 수고스럽다는 것이다. 전도서는 끊임없이 사망이 드리운 긴 그림자를 다루는데 그러면서도 이에 대처하는 좋은 방법이 있다고 단호하게 전한다. 사실 이 '좋은'이라는 단어가 전도서가 말하는 메시지의 핵심이다.

전도서는 창세기 3장 17-19절에서 하나님이 사람의 일에 내리신 심판으로 인해 벌어진 현실과 씨름한다. 일은 고통스럽고 좌절감을 준다. 게다가 그 후에는 사망이 기다린다. 그러나 아직 소망이 있다. 전도서는 1장 1절에서 "다윗의 아들"을, 12장 11절에서 "목자"를 언급하는데, 곧 장차 다윗의 계보를 통해 오실 왕, 하나님의 백성을 치실 목자가 나타난다는 소망으로 메시지를 꿰는 것이다.

그러나 그 과정에서는 에덴 밖의 고통을 정직하게 그린다. 전도서 1장은 2절에서 만물의 헛됨을 선포한 후 3절에서 이렇게 묻는다. "해 아래에서 수고하는 모든 수고가 사람에게 무엇이 유익한가."

전도자는 자신이 즐거움을 얼마나 탐구했는지 말한다(전 2:1-11). 그리고 결론은, 모든 노력이 헛되어 바람을 잡는 것과 같았다는 것이다(10-11절). 그는 자신이 지혜를 얼마나 탐구했는지 말하는데(12-17절), 그것도 헛되어 해 아래 행하는 모든 일이 바람을 잡으려는 것과 같았다고 결론을 내린다(17절).

전도자는 또한 인간의 모든 힘든 수고에 얽힌 다양한 문제들을 탐구한다. 우리가 수고한 결과를 다른 이들이 누릴 것이다(18-26절). 만물에는 때가 있지만, 때는 우리를 피할 것이다(전 3:1-4:6). 하나님은 사람이 홀로 사는 것이 좋지 못하다고 말씀하셨는데, 우리는 너무도 자주 반드시 홀로 해내야 하는 일들에 둘러싸인다(7-16절). 우리가 수고로 얻은 것을 누리는 일에도 문제가 있다(전 5:1-6:9).[4]

전도자는 우리가 해 아래에서 해야만 하는 일들의 헛됨과 무익함에 어떻게 대응해야 할지 충고하며 이 탐구를 마무리한다. 그는 전도서 2장 3절에서 짧은 삶을 사는 천하의 인생에게 있어 '선한 것'이 무엇인지 묻고는, 사람이 먹고 마시고 자기 일을 즐기는 것보다 '선한'(즉, 더 좋은) 일은 없다고 반복해서 답한다. 그리고 즐거워할 수 있다면, 그것이 곧 하나님의 선물이라고 말한다. 솔로몬은 다음과 같이 일곱 차례에 걸쳐 이 메시지에 힘을 더했다.

"사람이 먹고 마시며 수고하는 것보다 그의 마음을 더 기쁘게 하는 것은 없나니 내가 이것도 본즉 하나님의 손에서 나오는 것이로다 아, 먹고 즐기는 일을 누가 나보다 더 해 보았으랴"(전 2:24-25).

"사람들이 사는 동안에 기뻐하며 선을 행하는 것보다 더 나은 것이 없는 줄을 내가 알았고 사람마다 먹고 마시는 것과 수고함으로 낙을 누리는 그것이 하나님의 선물인 줄도 또한 알았도다"(전 3:12-13).

"그러므로 나는 사람이 자기 일에 즐거워하는 것보다 더 나은 것이 없음을 보았나니 이는 그것이 그의 몫이기 때문이라"(전 3:22).

"사람이 하나님께서 그에게 주신 바 그 일평생에 먹고 마시며 해 아래에서 하는 모든 수고 중에서 낙을 보는 것이 선하고 아름다움을 내가 보았나니 그것이 그의 몫이로다 또한 어떤 사람에게든지 하나님이 재물과 부요를 그에게 주사 능히 누리게 하시며 제 몫을 받아 수고함으로 즐거워하게 하신 것은 하나님의 선물이라"(전 5:18-19, 6:1-2 참조).

"이에 내가 희락을 찬양하노니 이는 사람이 먹고 마시고 즐거워하는 것보다 더 나은 것이 해 아래에는 없음이라 하나님이 사람을 해 아래에서 살게 하신 날 동안 수고하는 일 중에 그러한 일이 그와 함께 있을 것이니라"(전 8:15).

"너는 가서 기쁨으로 네 음식물을 먹고 즐거운 마음으로 네 포도주를 마실지어다 이는 하나님이 네가 하는 일들을 벌써 기쁘게 받으셨음이니라 네 의복을 항상 희게 하며 네 머리에 향기름을 그치지 아니하도록 할지니라 네 헛된 평생의 모든 날 곧 하나님이 해 아래에서 네게 주신 모든 헛된 날에 네가 사랑하는 아내와 함께 즐겁게 살지어다 그것이 네가 평생에 해 아래에서 수고하고 얻은 네 몫이니라 네 손이 일을 얻는 대로 힘을 다하여 할지어다 네가 장차 들어갈 스올에는 일도 없고 계획도 없고 지식도 없고 지혜도 없음이니라"(전 9:7-10).

"사람이 여러 해를 살면 항상 즐거워할지로다 그러나 캄캄한 날들이 많으리니 그 날들을 생각할지로다 다가올 일은 다 헛되도다 청년이여 네 어린 때를 즐거워하며 네 청년의 날들을 마음에 기뻐하여 마음에 원하는 길들과 네 눈이 보는 대로 행하라 그러나 하나님이 이 모든 일로 말미암아 너를 심판하실 줄 알라 그런즉 근심이 네 마음에서 떠나게 하며 악이 네 몸에서 물러가게 하라 어릴 때와 검은 머리의 시절이 다 헛되니라"
(전 11:8-10).

사람이 죄를 짓기 전, 심히 좋던 창조세계에서 하나님은 사람에게 선한 음식(창 1:29-31), 일(창 1:28, 2:15), 배필과 누리는 교제(창 2:18-25)를 주셨다. 그러나 죄가 세상에 사망을 가져왔다. 전도자는 그럼에도 불구하고 하나님이 주신 음식과 일과 교제라는 선한 선물을 누리라고 가르친다. 시편 128편에서도 같은 노래가 울려 퍼진다. 그럴 수 있다면, 그 또한 하나님이 주신 선물이다. 전도서 6장 1-2절은 이를 분명히 밝힌다.

"내가 해 아래에서 한 가지 불행한 일이 있는 것을 보았나니 이는 사람의 마음을 무겁게 하는 것이라 어떤 사람은 그의 영혼이 바라는 모든 소원에 부족함이 없어 재물과 부요와 존귀를 하나님께 받았으나 하나님께서 그가 그것을 누리도록 허락하지 아니하셨으므로 다른 사람이 누리나니 이것도 헛되어 악한 병이로다."

전도서는 성경의 구속사라는 드라마에서 어떤 뚜렷한 전환점을 말하지 않는다. 오히려 단조로운 일상생활에 대해 말한다. 전도서는 타락한 세상이 가져오는 삶의 헛됨을 온전히 직면한다. 그리고 모든 인류의 골칫거리인 사망, 이것이 모든 일을 덧없게 한다고 인정한다.

노년은 모든 기쁨을 지나가는 구름처럼 만든다(특히 전 11:7-12:8을 보라). 죽은 후 우리의 모든 수고가 어떻게 될지 우리는 모른다(전 9:1-11:6). 그러나 하나님의 자비 안에 있다면 삶을 즐길 수 있다. 음식과 마실 것으로 기운을 회복하고 노동 속에서 기쁨을 찾을 수 있다. 이 모든 일 가운데 우리는 하나님을 경외하며, 진리를 따라 걷고, 그리고 심판이 있음을 기억해야 한다(전 11:9, 12:13-14).

따라서 먹고 마시고 자기 일을 즐거워하는 것보다 사람에게 더 좋은 것은 없다. 그럴 수 있다면, 그것은 하나님의 선물이다. 심지어 많은 책들을 쓰고 많이 공부하는 것도 몸만 피곤하게 할 뿐이다(전 12:12).

❷ 지혜로운 일: 잠언에 나타나는 아버지의 가르침

타락하고 헛된 세상에서 우리는 어떻게 번성할 수 있을까? 잠언은 이에 대해 구체적으로 상세하게 알려준다.

여기 두 집이 있다. 한 집은 지혜라는 부인(잠 9:1)이 지은 집이고, 다른 집은 미련한 여인이 지키는 집이다(13-14절; 7:16-17 참조). 지혜라는 부인의 집에 들어간 자는 생명을 얻지만(잠 9:6, 11), 미련한 여인의 집에 들어간 자는 생명을 잃는다(18절; 7:22-27 참조).

지혜라는 여인에게 배운 자는 그 가르침이 돈보다 낫다는 사실을 깨닫는다(잠 2:4, 3:13-16, 8:11, 18-19). 지혜에게서 배운 근면함과 신중함은 그를 영원한 부로 인도한다(잠 10:4). 그러나 미련한 여인에게 탐닉한 자는 가난한 게으름뱅이가 된다(잠 6:6, 10-11). 그는 부정한 방법으로 부를 추구하는데(잠 1:10-19), 그렇게 획득한 재물마저 무익하게 버려진다(잠 10:2).

두 여인으로 대변되는 서로 다른 삶의 방식은 잠에도 영향을 미친다. 지혜로운 자는 두려움 없이 누워서 단잠을 잔다(잠 3:24). 지혜로운 자가 쉴 때는 성경의 가르침이 그를 보호하고, 깰 때는 성경 말씀이 떠오른다(잠 6:22). 반대로 어리석은 자는 쉴 수가 없다. 악한 욕망이 그를 부추겨 그로 하여금 얻을 수 없는 만족을 찾아 늦은 밤까지 점점 더 헤매게 하기 때문이다. 그래서 잠에 더욱 탐닉하게 되고(잠 6:9), 나태한 그의 손은 가난을 더할 뿐이다(잠 10:4).

지혜로운 자는 곡식이 익었을 때 추수하지만, 어리석은 자는 일해야 할 때 오히려 잠을 잔다. 그가 잠에서 깼을 때는 너무 늦었다(잠 10:5).

잠언 역시 전도서처럼 구속사의 이야기를 진척시키는 책은 아니다. 그러나 세월의 흐름에 따른 삶의 지침을 준다. 또한 전도서, 시편 128편과 마찬가지로 좋은 삶을 아내와 자녀를 부양하고 보호하는 근면하고 신실하고 지혜롭게 일하는 남편의 모습으로 그린다. 즉, 다른 이를 유익하게 하는 노동, 가족이라는 맥락 안에서 누리는 노동의 결실, 그리고 성경 전체가 가르치는 서로 도우며 함께 살기 위한 균형 감각 등을 전한다.

신명기 6장 7절은 자녀에게 하나님의 말씀을 가르치라고 아버지들에게 명령한다. 신명기 17장 14-20절은 왕은 율법을 알고 이를 따라 살아야 한다고 가르친다. 어떤 의미에서 왕은 한 나라의 아버지였다(삼상 24:11, 16 참조). 다윗의 아들이자, 사무엘하 7장이 말한 약속의 상속자인 솔로몬은 그 명령에 순종하는 아버지와 같이 잠언 내내 아들들에게 율법을 가르친다.

잠언은 지혜라는 여인이 길거리에 등장하는 것으로 시작해(잠 1:20-33) 현숙한 여인이 시장에서 활발하게 활동하는 것으로 끝난다(잠 31:14-15). 솔로몬은 지혜를 소중히 여기라고, 지혜를 은과 감추어진 보배를 찾듯 찾으라고, 돈이 해주리라 바라는 것을 지혜가 해줄 것이라고, 아니 그 이상도 해줄 것이라고 가르친다(잠 2:1-22, 3:14-16). 삶의 목적은 부유해지는 것이 아니다. 하나님과 함께하며, 재물로 하나님을 경외하는 것이다(잠 3:6, 9-10).

개미와 같이 근면하며 추수 때 겨울을 대비한다면 가난을 피할 것이다(잠 6:6-11). 정직하고 솔직하게 다른 사람을 대하고 속이지 않는다면 재앙도 피해 갈 것이다(잠 6:12-15).

❸ 지혜로운 여성의 일: 잠언 31장

지금까지 우리는 남자의 일을 가족이라는 맥락 안에서 이야기해 왔다. 잠언 31장 10-31절은 여자의 일을 가족이라는 맥락 안에서 이야기하고 있다.

잠언 31장에 나오는 아내는 남편의 신뢰를 받으며, 그로 인해 산업이 끊어지지 않는다(11절). 그 아내는 살아 있는 동안 남편에게 선을 행하며(12절), 집안 모든 식구에게 음식을 제공한다(15, 21, 27절). 아내의 덕 덕분에 남편은 도성에서 더욱 인정을 받고(23절), 자녀들은 어머니께 감사하며 남편은 아내를 칭찬한다(28절).

잠언 저자는 결혼할 때가 이른 여자들에게 이것이 그를 아는 모든 이에게 축복이 되는 삶이라고 칭송한다. 즉 기꺼이 일하고(13절), 근면하여 일찍 일어나 게으름을 부리지 않으며(15, 27절), 풍성한 결실을 맺을 땅을 사려 깊게 살펴서 구매하고(16절), 열심히 수고하여 만든 상품을 팔아 이익을 내고(18-19, 24절), 그 이익으로 가난한 자들에게 베풀며(20절), 가족에게 따뜻한 의복과 편안한 침구를 제공하는 아내가 되기를 권한다(21-22절).

이 본문에 대해 더 많은 이야기를 나눌 수 있지만, 여기서는 우리의 목적에 따라 이 정도만 확인하려 한다. 잠언 저자는 여자가 아내가 되고 어머니가 되어서 가족의 필요를 공급하고, 이를 통해 더욱 넓은 공동체에 복을 끼치기를 기대하고 있다.

또 여기서 우리는 덕스러운 아내이자 고상한 어머니가 되는 것과 부동산 투자를 하고 경작하며 가족의 필요를 채우고자 경제 활동을 하는 것에는 아무런 갈등이 없음을 확인한다. 이 본문은 여인이 자신의 남편에게 얼마나 큰 축복인지 선포하며 시작하고 끝나는데(10-12, 28-31절), 이 여인이 하는 일은 마치 남편이 일하고 동산을 경작하는 것을 돕는 일처럼 보인다.

잠언 31장은 혼자인 여성을 이야기하지 않지만, 룻기는 혼자인 여성의 상황을 다루며, 디모데전서 5장 9-16절은 나이 든 과부와 젊은 과부에 대한 지침을 준다. 또 구약 공동체는 결혼하지 않은 여성에게 가족이라는 체계를 제공하는데, 이는 신약에서 하나님의 가족인 교회로 나타난다.

어떻게 보면 잠언은 언약적 복과 저주를 함축적으로 재정리한 책이다. 하나님과 함께하며 하나님을 경외하고 하나님의 지침을 따르는 사람은 살 것이다. 그러나 하나님과 그분의 말씀을 경시하는 사람은 고통을 당할 것이다. 흥미로운 점은 잠언이 이를 가족이라는 맥락 안에서 보여준다는 것이다. 잠언에서 아버지는 아들을 내내 지혜라고 부른다. 그리고 지혜를 고상하고 덕스러우며 생명을 주는 아내로 그린다.

일을 한다는 것은 사람이 창조된 목적인 그 과업을 달성하는 것이다. 그리고 지혜로 행한 일은 하나님의 모양을 따라 창조된 사람을 통해 보이지 않는 하나님의 형상을 비추도록 하신 하나님의 목적을 실현하는 것이다. 이는 곧 지혜로 자신의 일을 하신 하나님을 나타내는 것이기 때문이다(잠 8:22-31).

3) 번영한 사람들

앞서 믿음의 길을 간 사람들이 없었다면 우리는 과연 어땠을까? 어떻게 살아야 할지 상상조차 못 했을 것이다. 이제 지혜 문학에서 나와, 지혜 가운데 걸었던 성경 인물들을 살펴보려 한다. 여기 죄로 인해 타락하고 무익한 세상 가운데 번영을 경험한 세 남자와 한 여자가 있다. 그들의 이야기를 따라가 보자.

❶ 좋은 본보기: 요셉, 다니엘, 느헤미야, 룻

요셉, 다니엘, 느헤미야, 룻은 하나님이 일을 통해 무엇을 기대하셨는지 보여주는 대표적인 인물이다. 요셉과 다니엘과 느헤미야는 그리스도의 본을 따라 섬겼고, 룻은 메시아가 나실 계보를 잇는 여자 족장이었다. 요셉과 다니엘과 느헤미야는 외세 아래 살면서 박해와 반대에 직면했지만 신실함을 지켰고, 주님은 이들을 통해 자기 백성을 구원하셨다. 룻은 이방인이었지만 기업 무를 자와 결혼하여 다윗의 선조가 되었다.

요셉과 다니엘은 둘 다 구덩이에 빠졌다. 요셉의 형들은 요셉이 오래전에 죽었으리라 생각했고, 바벨론의 고관들은 다니엘이 사자들에 잡아먹혔으리라 생각했다. 그러나 둘 다 모두의 예상을 깨고 살아있었다. 그리고 구원을 받고 구원을 드러냈다.

두 사람의 삶은, 거절당하고 십자가에 달려 죽으시고 땅에 묻히셨지만 결국 승리 가운데 일어나 구원을 이루신 분의 모형을 보여준다.[5] 예수님은 이들의 삶이 예표한 일들을 성취하셨고,

우리는 예수님의 형상을 닮아가며 예수님의 발자취를 따르도록 부르심을 받았다.

요셉, 다니엘, 느헤미야는 우리에게 그리스도를 닮는다는 것이 무엇인지 가르쳐주며, 룻은 메시아 계보에 있던 하나님의 놀라운 섭리를 보여준다.

그리스도의 예표였던 이들은, 오늘날 우리와 마찬가지로 구속사적 배경에서 살아가며 일했다. 이들은 그리스도 이전에 살았는데, 그때는 하나님 나라가 임하기 전이었다. 요셉은 이스라엘이 국가로 확립되기 이전에 살았으며, 다니엘과 느헤미야는 이스라엘 나라가 멸망한 후에 살았다. 그들은 이 땅에 자기 나라 없이, 세상의 권세 아래 살았다.

그래서 그들은 하나님 나라가 아닌 자신의 나라를 추구하는 자들을 위해 일했다. 그러나 그들은 자신을 둘러싼 세상을 이기고 신실함을 유지하는 길을 찾았다. 이들의 이야기는 세상에서 일하면서 먼저 하나님 나라를 구하는 것이 무엇인지 보여준다.

몇몇 군데 차이가 있지만, 룻의 이야기도 그렇다. 룻은 사사시대에 살았는데, 그때는 이스라엘에 왕이 없었기에 각기 자기 소견에 옳은 대로 행했다. 룻 역시 퇴폐적인 환경에도 불구하고 신실함을 유지하는 방법을 찾아냈다. 이제 이들의 이야기를 한 사람 한 사람 살펴보자.

• 요셉

요셉은 창세기에서, 그리고 더 나아가 모세오경에서 어떤 역할을 차지하는가?

요셉이 등장하기 이전 창세기에 나온 사건들을 대강 그려보면 이렇다. 창세기 1-2장의 심히 좋았던 창조세계는 창세기 3장에서 죄로 인해 망가졌다. 그러나 하나님은 창세기 3장에서 만물의 회복과 악에서의 승리를 약속하셨다. 이 약속은 아브라함에 이르기까지 계보를 따라 내려온다.

주님은 창세기 12장 1-3절에서 아브라함에게 복을 주시는데, 이는 앞서 주신 약속을 자세히 하신 것이다. 아브라함에게 하신 약속은 이삭과 야곱에게 이어진다. 그리고 창세기 마지막에 이 땅 모든 가족에게 복을 베풀 여자의 후손이 등장한다.

창세기를 넘어 모세오경의 큰 이야기에서 보면 요셉이 한 일은 이스라엘 자손이 이집트에서 살 길을 연 것이다. 창세기 마지막에 나오는 요셉 이야기는 바로 출애굽기로 이어지는데, 이후 성경 저자들은 새로운 출애굽을 암시할 때 새로운 요셉에 대한 기대를 드러내기도 했다.[6]

요셉의 이야기를 창세기 12장 1-3절의 하나님이 아브라함에게 하신 약속을 배경으로 생각해 보자. 이 약속은 이삭과 야곱에게 이어졌다. 야곱의 가족 또한 아브라함에게 약속된 복에 대해 알았을 것이다. 요셉과 그의 형제들은 이 약속이 성취되기를, 즉 땅을 소유하고 자손을 누리며 살면서 하나님의 복을 받기를 갈망했다.

요셉은 약속의 땅을 소유하기를 열망했지만, 현실은 노예로 팔려 이집트로 끌려가는 것이었다. 어쩌면 요셉은 자신의 후손에서 여자의 후손이 나오기를 열망했겠지만, 현실은 이집트 사제의 딸과 결혼하는 것이었다. 요셉은 하나님의 복을 추구했지만, 세상의 눈으로 볼 때 그는 저주받은 것 같았다.

그러나 우리는 요셉이 어떠한 죄도 범하지 않았음을 본다. 그리고 반복해서 주님이 그와 함께하셨음을 본다. 하나님이 요셉과 함께하신 결과, 요셉은 노예로서 성공했고 감옥에서도 성공했으며 마침내 이집트 전역에서 높임을 받았다. 생의 마지막까지 약속의 땅 밖에 있었던 요셉은 자신의 뼈를 그 땅에 묻어 달라고 유언한다(창 50:24-26, 히 11:22).[7]

요셉은 이집트인과 결혼했지만 하나님은 그를 통해 후손을 주셨다. 요셉은 단지 후손만 얻은 것이 아니다. 야곱에게서 축복도 받는다(창 48:15-16, 대상 5:1-2 참조). 세상의 눈으로 볼 때 요셉은 저주받고 고통받는 자였다. 하지만 그 요셉으로 인해 온 세상이 복을 받았다. 주님은 요셉을 사용하셔서 끔찍한 기근에 처한 온 땅의 가족에게 음식을 제공하셨다(창 47:25, 12:1-3 참조).

요셉은 아브라함이 받은 복이 성취되는 것을 미리 경험했다. 하나님을 경외한 요셉은 보디발의 아내와 죄를 저지르지 않았다(창 39:9). 요셉은 은혜를 입어 그를 다스리던 자들에게 신뢰를 받았다(창 39:3-4, 21). 요셉은 하나님의 도움으로, 극심한 기근에 처한 이집트와 온 땅에 식량을 공급할 계획을 세웠다(창 41:28-36). 그리고 요셉은 형제들을 용서하고 후원했다. 요셉은 뱀같이 지혜롭고 비둘기같이 순결했다.

아마도 요셉은 이집트에서 바로를 위해 일할 때 하나님이 시편 105편 17절과 같은 약속을 그의 삶에 품으셨으리라 생각하지 못했을 것이다. "그가 한 사람을 앞서 보내셨음이여 요셉이 종으로 팔렸도다." 요셉은 자신이 이집트로 앞서 보내심을 받아 이스라엘의 출애굽을 준비하게 되었다는 사실을 알 수 없었다(시 105:16-38 참조). 그러나 모세는 알았다. 그러기에 모세는 요셉의 이야기 바로 다음에 출애굽 이야기를 넣은 것이다.

모세는 하나님이 행하시는 모든 일을 알지 못했다. 그럼에도 그는 요셉을 하나님을 두려워하고 유혹을 피하며 일하면서 하나님과 이웃을 사랑하고 자신에게 잘못한 사람을 용서하는, 어려운 상황 가운데서도 하나님의 임재를 경험한 인물로 제시한다.

요셉의 자녀들은 복을 받았다. 여기서 다시 한 번 일과 가족의 균형을 본다. 요셉은 하나님의 땅 바깥에서 하나님이 율법을 주시기 전에 살았지만, 그럼에도 하나님의 임재와 은혜를 경험했다. 우리가 앞서 살펴본 잠언은 사실, 요셉처럼 하나님의 임재와 복을 누리며 살고 일하는 법을 가르쳐 주는 것이다.

• 다니엘

여기서 우리는 다니엘서 1-6장에 나오는 다니엘과 세 친구의 이야기와 7-12장에 나오는 묵시 사이의 관계를 주목하려 한다.

다니엘서를 사이좋게 나누는 두 절반 중 하나인 7-12장은 신실함, 즉 억압과 박해 앞에서도 지켜내는 신실함을 이야기한다. 그런데 이는 다름 아닌 1-6장에서 묘사된 신실함이다. 다니엘서 1-6장에는 뱀의 후손이 여자의 후손을 억압한 역사가 나오는데, 이는 7-12장이 예언하는 미래에도 투영된다. 즉 다니엘은 자신과 친구들이 그러했듯 미래의 지혜로운 자들도 신실하기를 요청하는 것이다.

느부갓네살이 성전을 공격했듯이(단 1:2) 다니엘이 환상으로 보는 미래의 왕도 그러할 것이다(단 8:11-13, 9:26-27, 11:31). 그러나 하나님은 다니엘과 친구들에게 지혜를 주셨듯(단 1:17), 미래에 시험을 당할 자들에게도 지혜를 주실 것이다(단 11:33, 35, 12:3).

다니엘과 친구들은 그럼에도 불구하고 주님께 신실함을 지킨 사람의 표본이다. 그들은 포로로 잡혀가서도 모세의 음식법을 지켰다(단 1:8-20). 그들은 생명을 위협받는 상황에서도 하나님을 신뢰하고 하나님의 은밀한 뜻을 구했다(단 2:13-23). 사드락, 메삭, 아벳느고는 사형의 위협 앞에서도 우상숭배를 거절했다(단 3:8-18). 다니엘은 느부갓네살 왕과 벨사살 왕이 달갑게 듣지 않을 진리를 전하며 회개를 촉구했다(단 4:19-27, 5:17-28). 그리고 사형의 위협 가운데서도 주님께 기도하기를 멈추지 않았다(단 6:10-15).

다니엘과 친구들은 요셉과 마찬가지로, 이방 나라를 다스리는 고위 관료로 일하면서 신실함을 지킨 본이 되었다. 이들에게서 우리는 사랑으로 기꺼이 진리를 말하는 자세를 본다. 요셉은 꿈을 해석하는 능력의 근원에 대한 사람들의 오해를 정정하며 하나님께 영광을 돌렸는데(창 41:16), 다니엘도 그렇게 했다(단 2:27-28). 요셉은 지혜로운 대안을 제시했는데(창 41:33-36), 다니엘도 그렇게 했다(단 4:27).

우리는 다니엘과 세 친구들의 이야기를 보며, 종교와 양심의 자유가 위협당하는 갈등 상황에서 어떻게 대처할지 알 수 있다. 다니엘서 1장에서 다니엘과 친구들은 양심에 따라 먹는 자유를 위협당했지만, 환관장에게 신중하게 호소하며 그들의 제안이 더 유익하지 않은지 시험해 보고 결정하기를 구했다. 하나님은 그들의 노력에 복을 주셨고, 이 젊은 친구들은 신실함을 지킬 수 있었다.

다니엘서 2장에서 꿈을 해석하는 모든 지혜자들이 사형당할 위기에 처했을 때 하나님을 예배하는 다니엘과 친구들은 지혜로운 말로 시간을 벌고 하나님의 자비를 구하며 전심으로 기도했다. 하나님은 다시 그들에게 복을 주시며 다니엘에게 왕의 꿈이 무엇인지 알려주셨다.

다니엘서 1-2장에서 다니엘과 친구들은 권력을 가진 우상숭배자들과 그들 사이에 빚어지는 긴장 관계를 완화시키고자 애썼는데 이는 3장에서도 반복된다. 모든 사람에게 내려진, 우상에 절하라는 명령을 피할 수 없던 사드락과 메삭과 아벳느고는 이를 단호하게 거부했다(단 3:16-18). 다니엘은 여기서 언급되지 않는데, 아마도 이 갈등의 영향력 밖에 머무른 듯하다. 세 친구도 그렇게 하려 했던 것 같지만, 적의를 품은 자들이 그들을 참소했다(단 3:8). 하나님은 사드락, 메삭, 아벳느고를 불타는 풀무에서 구원하셨다. 이는 이 이야기를 읽는 사람들이 세 친구가 남긴 신실한 발자취를 그대로 따라가도록 고무하는 결말이다.

다니엘서 4장 19절에서 다니엘이 왕의 꿈에 보인 반응을 보면, 그는 왕을 진정으로 살폈고 왕이 잘되기를 진심으로 바란 듯하다. 그가 왕에게 한 다음의 조언을 보면 알 수 있다. "공의를 행함으로 죄를 사하고 가난한 자를 긍휼히 여김으로 죄악을 사하소서"(단 4:27). 또 다니엘이 벨사살에게 보인 반응을 보면 그가 세상적인 쾌락의 유혹에서 자유로웠음을 알 수 있다. 그랬기에 다니엘은 진실하고 순결하게 일할 수 있었다(단 5:17).

다니엘서 3장에서 세 친구는 공적인 대립을 피했다. 다니엘서 6장에서 다니엘도 마찬가지로 대적들을 자극하지 않았다. 그렇다고 대적들에게 동조한 것도 아니다. 대적들은 모든 사람이 왕에게만 기도하도록 하는 금령으로 다니엘의 생명을 위협했지만, 다니엘은 그가 평소에 훈련하던 대로 여호와께 기도했다(단 6:1-13). 그리고 주님은 사자의 입을 봉하셔서 다시 한 번 다니엘을 구하셨다.

다니엘서는 하나님의 사람은 율법을 따라 살아야 하며(단 1장), 위기 가운데 기도해야 하고(단 2장), 목숨을 위해 우상에게 절하지 말아야 하며(단 3장), 사랑으로 이방인에게 진리를 말해야 하고(단 4장), 세상의 유혹에 얽매여 타락하지 말아야 하며(단 5장), 이방인의 위협 앞에서도 주님께 기도하고 예배드리기를 멈추지 말아야 한다(단 6장)고 가르친다.

다니엘서 1-6장에서 이야기 식으로 가르치는 이 내용은, 우리로 다니엘서 7장 25절이 경고하는 장차 "지극히 높으신 이의 성도를 괴롭게 할" 왕, 성도들이 "그의 손에 붙인 바" 될 자에게 어떻게 대응할지 준비하게 한다. 곧 장차 그들을 짓밟을 왕(단 8:10, 13)이 나타날 것을 직시하게 하고 준비시키는 것이다. 그

왕은 "제사와 예물을 금지할 것"(단 9:27)이다. "언약을 배반하고 악행하는 자를 속임수로 타락시킬 것"이다(단 11:32).

우리는 다니엘서를 통해 그 왕을 견디고 그에게 저항할 수 있도록 훈련되고 준비된다. 다니엘서는 우리로 오직 "자기의 하나님을 아는 백성"처럼 살아가고 일하도록 가르쳐 "강하여 용맹을 떨치"게끔 한다(단 11:32).

다니엘서는 비록 주님이 우리를 다니엘과 세 친구처럼 구원하지 않으시더라도, 우리는 주님께 신실해야 한다고 가르친다(단 3:17-18 참조). 주님은 죽은 자를 일으키시고 의인에게 상을 주시는 분이기 때문이다(단 12:2-3).

• 느헤미야

우리는 느헤미야에 대해 많은 이야기를 할 수 있다. 그가 그리스도를 예표한다는 것,[8] 성경 연구와 기도의 사람이라는 것, 그리고 요셉과 다니엘처럼 외국의 왕궁에서 섬긴 유대인이라는 것 등을 말이다. 그러나 여기서 우리는 이 책의 목적대로 일꾼으로서의 느헤미야에 대해 집중하려 한다.

느헤미야는 기원전 446년 11월에서 12월 사이 예루살렘의 상황을 보고를 받는다(느 1:1). 그리고 기원전 445년 3월에서 4월 사이에 왕에게 요청할 기회를 얻는데(느 2:1-4), 그때까지 분명 그는 기도하고 금식했다(느 1:4-11). 그러나 그것이 전부는 아니었다. 느헤미야의 요청이 구체적이라는 사실을 볼 때 그가 모든 것을 계산하며 계획하고 있었음을 알게 된다.

느헤미야는 자신이 원하는 것을 정확히 알았다(느 2:5). 그는 여정과 계획이 얼마나 오래 걸릴지도 알았고(6절), 어떠한 조서가 필요한지도 알았으며(7절), 어디서 건축 자재를 얻을지도 알았다(8절). 느헤미야는 개미를 연구하며(잠 6:6-8 참조) 일에 필요한 지혜를 얻었다.

느헤미야가 끊임없이 기도하고 하나님의 도우심을 인정한 모습(느 1:4-11, 2:4, 8, 18 참조)에서 우리는 그가 하나님의 능력과 인도하심을 의지하여 일했음을 본다(느 2:12 참조). 그가 기꺼이 무기를 집어 드는 모습(느 4:13-20)에서 그가 그 일에 얼마나 헌신했는지 본다. 또한 오랜 시간 일하면서도 옷을 갈아입지 않은 모습에서 조금도 방심하지 않고 끊임없이 일하는 자의 본보기를 본다(느 4:21-23).

느헤미야가 동족에게 높은 이자를 받는 유다 사람들을 꾸짖는 모습에서 그가 일을 하면서도 정의와 공의에 헌신했음을 본다(느 5:1-13). 또 마음을 산란하게 하는 일을 거부하는 모습에서는 그가 일에 전념했음을 본다(느 6:3). 그리고 자신의 계획을 완수하는 모습에서는 그가 행한 일의 결실을 본다(느 6:15-16).

느헤미야는 성벽을 재건하면서 사람들을 재건하는 일에도 착수했다. 이는 성벽 재건보다 더욱 어렵고 좌절되는 작업이었다(느 7-13장). 자신을 기억해 달라는 느헤미야의 기도에서 우리는 그가 자신이 한 일이 미래에 있을 심판에서 평가받으리라는 것을, 그때에 상급이나 심판이 있으리라는 것을 알았다는 사실을 본다. 그리고 그날에 하나님이 자비와 은혜를 베푸시기를 간구하는 느헤미야의 모습을 본다.

· 룻

영어 번역본 성경은 룻기를 대개 사사기와 사무엘상 사이에 둔다. 룻기가 다윗의 족보로 끝난다는 점에서 이는 적절하다. 그런데 히브리어 성경은 룻기를 잠언 뒤에 두고는 한다. 이는 룻이 잠언 31장에 묘사된 여인의 본이 된다는 점에서 적절하다.

룻은 모압 여자로, 결혼 생활 10년 동안 자녀는 없던 듯하다(룻 1:4-5). 신명기 23장 3절은 모압 사람이 여호와의 총회에 들어오지 못한다고 말하는데, 그럼에도 룻은 자기 친지와 신을 버리고 이스라엘 백성이 자기 백성이 되며 이스라엘의 하나님이 자기의 하나님이 되시리라고 말한다(룻 1:16).

하나님의 백성들 사이에 거처를 구한 룻은 모세 율법을 지키면서 나오미를 부양할 방법을 찾는다. 곧 과부로서 밭에서 이삭

PART 2 타락, 고된 노동이 되어버린 일 • 95

을 줍는 것이다(룻 2:2; 신 24:19 참조). 룻은 열심히 일하며 좋은 평판을 얻는다(룻 2:6-7). 공동체의 모든 사람들이 룻이 자신을 희생하며 사랑으로 나오미를 부양하고 있음을 알게 된다(룻 2:11).

나오미는 룻을 위해 한 계획을 세우는데, 여기서 룻의 믿음과 경건함이 잘 드러난다. 나오미는 보아스가 기업 무를 자의 의무를 다하도록 하게 할 생각이었다(룻 3:1-4). 그런데 그 계획이 꽤나 도발적이다. 나오미는 룻에게 향수를 뿌리고 남자들만 있는 타작마당에 가서, 보아스가 먹고 마시기를 다 하거든 "발치 이불을 들고 거기 누우라"고 시킨다. 그리고 보아스가 하라는 대로 하라고 말한다!(3-4절) 완곡하게 표현했지만, 참으로 도발적인 주문이다.

이로 인해 룻은 미묘한 곤경에 빠지고 말았다. 룻은 나오미와의 관계를 지켰다는 공로 덕분에 공동체 안에서 자리를 유지할 수 있었다. 그런데 나오미는 룻에게 그를 가장 위태롭고 취약하게 할 수 있는 행동을 지시하는 것이다. 룻은 "어머니의 말씀대로 내가 다 행하리이다"(룻 3:5)라고 했는데, 그동안의 룻을 생각할 때 이는 나오미가 말한 것은 모두 하겠지만, 나오미가 은밀하게 의도한 것은 무엇도 하지 않겠다는 뜻으로 볼 수 있다.

나오미는 분명 룻이 보아스의 발치 이불을 들고 거기 누웠을 때 무슨 일이 일어나기를 기대했다. 그런데 룻은 너무도 은밀하게 보아스에게 다가갔기에, 보아스는 한밤중에 거기 있는 룻을 발견하고는 기겁하고 말았다(룻 3:7-8).

이때 룻이 보아스에게 한 말을 보면, 그가 어떻게 말해야 보아스의 경건함을 자극할 수 있을지 깊이 생각한 것을 알 수 있다. 룻은 이렇게 말했다. "나는 당신의 여종 룻이오니 당신의 옷자락을 펴 당신의 여종을 덮으소서 이는 당신이 기업을 무를 자가 됨이니이다"(룻 3:9). 이는 보아스가 예전에 룻에게 했던 "이스라엘의 하나님 여호와께서 그의 날개 아래에 보호를 받으러 온 네게 온전한 상 주시기를 원하노라"(룻 2:12)는 축복을 떠올리게 한다. 마치 보아스가 그 상이라는 듯한 말이 아닌가.

그러자 보아스는 룻의 명예를 지키기 위해 합법적인 절차를 밟아 모든 일을 진행한다. 마침내 보아스와 결혼한 룻에게 주님은 복을 베푸셔서 이전 결혼 생활에서는 얻지 못했던 아이, 즉 다윗의 할아버지가 될 아이를 주신다(룻 4:13, 21-22).

이 극적이면서도 흥미진진한 이야기에 대해 할 말이 참 많다. 그러나 여기에서는 룻기가 일하는 독신 여성에 대해 무엇을 말하는지 주목하려 한다. 우리는 다음과 같은 결과를 이끌어낼 수 있다.

첫째, 룻은 모세 율법이 허용하는 일을 구했다. 둘째, 룻은 자신만을 위해서가 아니라 자신을 의지하는 나오미를 돌보기 위해 열심히 일했다. 셋째, 룻은 동료 일꾼들에게, 더 나아가서는 자신이 속한 공동체에게 좋은 평판을 얻을 정도로 일했다. 마지막으로 룻은 보아스를 유혹하라고 부정한 제안을 했던 나오미를 높이면서도 순결을 지켰다.

하나님은 룻의 신실함에 풍성한 복을 주셨다.

❷ 타락한 세상에서 번성하는 법

이번 장에서 우리는 창세기 3장 이후부터 마태복음 1장 이전 시대의 일에 대해 살펴보고 있다. 아담의 후손들은 에덴 밖에서 죄 가운데 살았다. 그러나 하나님은 자기 백성에게 선한 지침을 주셨다. 하나님의 백성들은 전도서와 잠언을 통해 타락한 세상에서 살고 일하는 법을 배웠다. 우리가 간단히 살펴본 요셉, 다니엘, 느헤미야, 룻은 어떻게 일할 것인가에 대한 좋은 본보기이다.

이들 지침과 본보기를 요약하자면, 이렇게 말할 수 있다. 범사에 하나님을 인정하라(잠 3:6). 자신의 일을 즐기고 그 결실을 하나님이 주신 선물로 누리라(전도서에 있는 이러한 취지의 문장 일곱 개를 비교해 보라). 하나님이 주신 약속에 소망을 걸고 세상을 축복하라(창 12:1-3).

요셉, 다니엘, 느헤미야처럼 살고 일하라. 즉 하나님의 이름을 거룩하게 하며, 하나님 나라가 임하고 하나님의 뜻이 이루어지기를 보기 위해 애쓰라. 다시 말해 일용할 양식을 주시며 죄를 용서하시고 악에서 우리를 구하시는 그분을 의지하라. 나라와 권세와 영광이 영원히 그분의 것이기 때문이다.

옛 언약 아래에서 일한 사람들

타락 이후와 그리스도 이전 사이의 일에 대해 구약이 말하는 바를 모두 살펴본 것은 아니다. 그러나 구약 성경이 일을 어떻게 바라보고 있는지는 정리할 수 있다.

사람은 죄를 저지르고 동산에서 추방되었지만 사람이 받은 책임, 즉 일을 하고 그 일을 통해 하나님의 형상을 드러내는 일은 폐지되지 않았다. 하나님은 자기 백성과 함께하고 가르치시며 사람의 과업을 위해 필요한 은혜로운 공급을 계속하신다. 성경의 지혜를 받아들인 자들은 자신뿐만 아니라 다른 이들도 이를 이해하도록 돕는다(단 11:33; 12:10). 믿는 자들은 여전히 에덴 밖에서 살아가지만, 일에 대한 성경의 지침이 있어 하나님의 임재와 복을 경험하게 된다.

창세기 3장 14-19절에서 죄에 내린 하나님의 심판은 삶의 모든 영역에 미쳤다. 요셉과 다니엘, 느헤미야의 삶을 보아도 그렇다. 뱀의 후손과 여자의 후손의 반목은 의로운 이들이 행하는 일에도 영향을 미쳤다.

룻기에서는 뱀의 후손과 여자의 후손 사이 갈등의 한복판에서 한 이방인 과부가 하나님을, 하나님의 백성과 하나 되는 편을 택하고 어떻게 여자의 후손의 계보에 은혜롭게 편입되는지 본다. 그리고 하나님이 그의 일에 복 주심을 본다.

요셉의 형들은 그를 노예로 팔아 요셉의 목자로서의 커리어를 끝냈다. 다니엘의 대적들은 다니엘을 좌절시켜 그의 일뿐만 아니라 생명까지 끝내려 했다. 느헤미야의 대적들은 그가 일할 때 힘을 다해 혼란스럽게 하고 위협하고 공격하고 방해했다.

그러나 요셉과 다니엘과 느헤미야와 룻은 하나님의 명령에 순종해 온전함을 지키며 일했다. 주님께 의지하고 기도 중에 부르짖으며, 하나님의 약속을 신뢰하며, 하나님이 계획하고 지으실 터가 있는 성에 마음을 고정했다(히 11:10, 16 참조). 그리고 하나님이 그들을 두신 그 성읍이 평안하기를 구했다(렘 29:7 참조).

그들이 일을 통해 하나님의 성품을 드러내려 하자, 일은 일 자체를 넘어서는 무언가를 가리켰다. 그들은 하나님의 모양을 형상화함으로써 앞으로 오실 그분을 상징했다. 룻의 경우, 하나님의 성전을 건축하고 하나님 나라를 다스릴 그분의 계보에 들어갔다.

요셉과 다니엘과 느헤미야와 용기 있는 가장인 룻은 그리스도에 앞서 그리스도의 예표로서 일을 통해 하나님의 형상을 나타내는 자들이었다. 그들은 우리를 교훈하기 위해 기록된, 우리가 따를 본보기이다(롬 15:4 참조).

일의 의미를 찾고 나를 찾는 질문

1. 에덴동산에서의 일과 에덴동산 밖에서의 일은 어떻게 다르며, 또 어떻게 같은가?

2. 타락한 세상에서 우리의 일이 헛되지 않도록 하나님은 우리에게 무엇을 주셨나?

3. 지혜서는 무엇이 선한 일이라고 말하는가?

4. 요셉, 다니엘, 느헤미야, 룻이 일한 환경과 당신이 일하는 환경 사이에 공통점이 있는가? 그들의 이야기에서 당신의 일에 적용할 만한 부분을 찾았다면 무엇인가?

   1) 요셉 :

2) 다니엘 :

3) 느헤미야 :

4) 룻 :

5. 2장을 통해 일에 대한 생각이 바뀐 부분이 있다면 무엇인가?

PART 3

구속, 그리스도께서 자유롭게 하신 일

Work &
Our Labor
in the Lord

하나님은 사람을 일하도록 창조하셨다. 죄로 인해 세상은 타락하고 무익해졌지만, 하나님은 우리가 그럼에도 불구하고 번성할 수 있도록 은혜와 교훈을 베푸셨다. 이제 우리는 예수님이 십자가에서 성취하신 일이 사람을 어떻게 구속하고 자유롭게 하는지, 그래서 우리가 어떻게 하나님의 영광을 위해 일하게 하는지 알아보려 한다.

이 책에서 우리는 두 가지 줄기를 따라 여기까지 왔다. 하나는 구속사로, 창조에서 구약 그리고 신약에 이르기까지 계속해서 관심사를 돌려왔다. 다른 하나는 일이라는 주제로, 이를 살피기 위해 때로는 시간의 순서에서 벗어나 사건들을 검토했다.

2장에서 우리는 옛 언약인 지혜 문학을 탐구했는데, 3장에서는 바울의 가르침에 주목하려 한다. 옛 언약인 지혜 문학은 언약과 분리해서 이해할 수 없다. 마찬가지로 바울이 내놓은 새 언약의 지혜는, 주 예수님의 죽음과 부활과 승천으로 막을 연 새 언약의 현실과 분리해서 이해할 수 없다.

모세 율법은 출애굽 이후에 주어졌고, 바울의 가르침은 예수님의 죽음과 부활 이후에 나왔다. 하나님은 먼저 자기 백성을 구속하시고 그 후에 어떻게 살아야 할지 가르치셨다. 바울의 가르침도 같은 맥락에 있다. 바울은, 이전에는 죄의 노예였으나 이제는 사슬을 끊고 사함을 받은 사람들에게 하나님의 가르침이라는 빛을 자비롭고 은혜롭게 비추어 새로운 삶을 어떻게 살아야 할지 전한다.

이번 장은 대부분 이러한 가르침을 다룰 것이다. 그리고 율법주의로 빠지지 않도록, 그리스도께서 자기 백성의 죄로 인해 십자가에서 어린양으로 죽으시며 이루신 일과 승리라는 넓은 배경에서 바울의 가르침을 바라볼 것이다.

때가 차매, 오래전부터 약속되었던 메시아, 즉 창세기 3장 15절이 말한 뱀의 머리를 상하게 하실 분이 이 땅에 오셨다(막 1:14; 롬 5:6, 갈 4:4). 하나님은 예수님이 행하신 기사와 표적을 통해 예수님이 바로 그분임을 증언하셨다(행 2:22). 예수님은 요셉, 모세, 다윗, 엘리야 등에게서 나타난 의인이 걷는 전형적인 고난의 길을 완주하시고 십자가에 못 박히셨다(행 7장 참조). 하나님은 예수님의 피로 유월절을 성취하심으로써 자기 백성을 구속하셨다(고전 5:7; 계 1:5).

다윗의 혈통에서 왕으로 오신 예수님(롬 1:3)은 이스라엘의 대표자요, 참 포도나무셨다(요 15:1). 예수님의 죽음은 그 나라를 상징하는 분이 하나님의 진노에 의해 그 나라에서 추방된 것이었다(요 2:19). 그리고 예수님의 부활은, 에스겔서 37장과 호세아서 6장 2절의 성취로, 예수님이 자기 백성을 포로된 곳에서 돌아오게 하는 일을 시작하신 것이었다(고전 15:3-4 참조).

예수님은 하늘로 오르셨으며, 약속하신 성령님을, 종말론적 복을 부어 주셨다(사 32:15; 욜 2:28-32; 행 2:33). 성령님은 새로운 성전인 교회에 거하신다(고전 3:16, 6:19). [1)]

예수님은 우리의 유월절 어린양이시다(고전 5:7 참조). 교회는, 원래 죄의 종이었으나 그분의 피 값으로 구원받은 자들로 이루어진다(롬 6:17-18, 고전 6:20). 노예 상태에서 구속받은 교회는 예수님이 거룩한 산에서 설교하신 천국의 가르침을 받는다(마 5-7장). 이렇게 교회에서는 새롭고 더 나은 법, 즉 그리스도의 법이 성취된다(고전 9:21; 갈 6:2).

홍해를 건넌 이스라엘 백성처럼 믿음으로 그리스도와 연합하고 세례를 받은 신자들은(고전 10:2; 롬 6:1-11; 갈 3:26-29; 골 2:11-13), 주의 만찬에 참여하며 하늘에서 내리는 만나와 반석에서 솟아나는 물로 살아간다(고전 10:3-4; 요 6:53-54, 7:37-39). 그들은 자유를 얻은 나그네가 되어(벧전 1:1) 마음의 허리를 동이고(벧전 1:13), 새롭고 더 좋은 약속의 땅, 하나님이 계획하시고 지으실 터가 있는 영구한 도성까지 순례의 길을 간다(히 11:10, 13:14). 새 하늘과 새 땅에 있는 새 예루살렘으로 간다(계 21-22장).

신약에서 우리는 구약이 고대하던 바가 모두 성취되었음을 본다. 그리스도께서 성취하신 구원의 '이미' 측면은 더 나은 약속의 땅, '아직' 임하지 않은 새 하늘과 새 땅으로 인도하는 광야 길에 신자들을 들어서게 한다. 우리는 이 땅이 완전히 정복되는 날을 기다린다(계 19장). 그때 더 나은 여호수아가 그 땅에 안식을 줄 것이다(히 4:8, 계 21-22장).

우리가 이번 장에서 살펴볼 일에 대한 지침들은 이처럼 구속의 드라마 안에서 자기 삶의 이야기를 찾은 자들에게 주어진 것이다. 예전에는 죄의 종이었지만 새롭고 더 나은 유월절로 인해 자유롭게 된 자들, 세례를 받아 그리스도와 함께 장사되었다가 부활하여 더 나은 삶 가운데 걷게 된 자들에게 말이다. 이들은 이제 여기에서 그 약속의 땅을 향해 가며, 우리를 구속하기 위해 자신을 주신 그분의 몸과 피로 살아간다.

십자가와 새로운 창조세계 사이를 사는 우리가 일을 통해 하나님을 기쁘시게 하는 데 필요한 모든 것을 우리는 신약에서 얻을 수 있다.

일하는 그리스도인의 원동력

이번 장은 로마서 12장 1-2절을 토대로 일에 대한 성경의 관점을 전개해 나가려고 한다.

바울의 가르침의 토대는, 예수님의 죽으심과 부활이 그리스도인을 일에 대한 우상숭배적인 접근에서 자유롭게 하고, 일할 때도 주님을 향하게 하여 복음을 아름답게 한다는 사실이다.

바울은 로마서 12장 1-2절에서 이렇게 말했다.

> "그러므로 형제들아 내가 하나님의 모든 자비하심으로 너희를 권하노니 너희 몸을 하나님이 기뻐하시는 거룩한 산 제물로 드리라 이는 너희가 드릴 영적 예배니라 너희는 이 세대를 본받지 말고 오직 마음을 새롭게 함으로 변화를 받아 하나님의 선하시고 기뻐하시고 온전하신 뜻이 무엇인지 분별하도록 하라."

이 말씀은 우리가 하나님이 주신 소명에 쏟아붓는 시간과 노력을 포함해 그리스도인이 꾸려나가는 모든 영역에서 깃발처럼 휘날린다.

바울은 로마서 12장 1-2절에서 간청하는 근거를 하나님의 자비에 둔다. 바울은 1-11장에서 목이 터지도록 하나님의 자비를 설명했는데, 이 자비를 누리는 신자라면 하나님을 기쁘시게 하도록 자신을 살아있는 제물로 드리라고 가르친다. 이제 믿는 자들은 희생제물을 죽여 제사장에게 건네지 않아도 된다(레 1:4-8 참조). 이제는 믿는 자들이 제사장인 동시에 (살아있는) 제물이기 때문이다!

로마서 12장 2절에서 바울은 이를 어떻게 살아낼지 알려준다. 우리는 세상에 순응하지 말고 오히려 마음을 새롭게 하여 변화를 받아 하나님의 선하시고 기뻐하시고 온전하신 뜻이 무엇인지 분별해야 한다.

로마서 12장 1-2절은 신약이 일에 대해 말하는 모든 것의 원동력이다. 앞으로 우리는 세상에 순응한다는 것이 무엇인지 파악하는 것에서부터 시작해 신약이 말하는 일에 대한 지침들을 조사해 나갈 것이다. 먼저 검토할 부분은 그리스도인이 일과 관련해 하지 '말아야' 하는 것이다. 즉 하나님의 성품을 반영하지 못하며, 우상숭배에 뿌리를 두는 일이 무엇인지 알아보겠다(골 3:5 참조). 그리고 신약이 마음이 새롭게 된 사람들의 행동을 어떻게 이끄는지 검토할 것이다. 그리스도인이 일하면서 자신을 산 제물로 드린다는 것이 과연 무엇인지 알아보려 한다.

예수 그리스도를 따르는 자들은 다음 두 가지 지침을 통해 두 가지 위대한 명령을 살아내게 된다. 첫째, 마음과 목숨과 힘과

뜻을 다해 하나님을 사랑하라. 둘째, 이웃을 나 자신처럼 사랑하라.

기독교를 살아낸다는 것은 사실 복잡한 일이 아니다. 물론 심오하고 또 극도로 어려운 일이긴 하지만 말이다! 우리에게 주어진 모든 명령은 결국 하나님 사랑과 이웃 사랑으로 귀결된다. 그리고 우리에게 금하신 모든 것은 결국 거짓 신을 예배하는 데 그 근원이 있다. 즉, 하나님보다 다른 신을 우선시하는 것에 말이다.

물론 우리는 좌절감을 느낀다. 하나님의 영광을 이루는 일에 왜 끊임없이 실패하는지 나 자신도 스스로가 이해되지 않는다 (롬 7장 참조). 우리가 실패하는 이유는 우리가 하나님을 예배하는 데 실패하기 때문이다. 가치 없는 대상을 예배하며 만족을 찾기 때문이다.

우리의 생각, 열망, 행동, 습관은 우리가 무엇을 사랑하며 무엇을 열망하는지, 궁극적으로 만족감을 누리기 위해 무엇을 예배하는지 드러낸다.

우리가 해야 하는 일을 살펴보기에 앞서 신약 성경이 하지 '말라'고 하는 일이 무엇인지 살펴보자.

이 세대를 본받지 말라

어떠한가? 당신의 일은 우상숭배인가 아닌가?

우상숭배가 되는 일이 무엇인지 알아보기에 앞서 우리가 1장과 2장에서 다룬 내용을 살펴보며, 무엇이 우상숭배가 '아닌' 일인지 정리해 보자.

우상숭배가 아닌 일

- 참되고 살아계신 한 분 하나님의 성품을 나타내는 일
- 하나님이 창조하신 세상에 하나님의 복인 주권을 발휘하는 일
- 하나님이 명령하신 대로 땅을 정복하고 다스리는 일
- 헛되고 타락한 세상에서도 먹고 마시며 일을 즐거워하고 번성하는 일[2]

그렇다면 우상숭배가 되는 일은 어떻게 나타나는가?

간단히 말해 그리스도와 닮지 않았다. 바울은 일과 관련해 몇 가지를 금했는데, 그 내용에서 우상숭배가 되는 일이 어떻게 나타나는지 파악할 수 있다.

도둑질: 에베소서 4장 28절

"도둑질하는 자는 다시 도둑질하지 말고 돌이켜 가난한 자에게 구제할 수 있도록 자기 손으로 수고하여 선한 일을 하라."

바울은 에베소서 1–3장에서 믿는 자들이 그리스도 안에서 누리는 영적인 복들을 묘사한 후(엡 1:3) 4–6장에서 부르심에 합당하게 살아가라고 가르친다(엡 4:1).

그리스도인은, 온 우주 창조주의 아들의 피로 구속받은 자답게, 죄에서 자유를 얻은 자답게, 그 약속대로 아브라함과 함께 세상을 유업으로 누릴 자답게 살아야 한다. 왜냐하면 그분이 실제로 그렇게 하셨기 때문이다(엡 1:3-14). 바울은 우리에게 그리스도 안에서 그리스도인의 새로운 정체성을 삶에 적용하며 살라고 가르친다.

우리가 이번 장을 시작하며 살펴본 성경의 줄거리는 그리스도인의 정체성을 알려주고 형성한다. 구약의 명령들이 하나님의 구속 사역이라는 조명 아래 이스라엘이 하나님의 의로움을 살아내는 방식을 설명한다면, 신약의 명령들은 하나님의 구속 사역이라는 조명 아래 교회가 하나님의 의로움을 살아내는 방식을 설명한다.

이러한 흐름에서 바울은 에베소 교인들에게 다음과 같이 전한다. "도둑질하는 자는 다시 도둑질하지 말고 돌이켜 가난한 자에게 구제할 수 있도록 자기 손으로 수고하여 선한 일을 하라"(엡 4:28).

'~하지 말고 돌이켜 ~하라'는 명령은 에베소서 4장 22-24절에서 시작해 32절까지 이어진다. 바울은 이들 명령을 에베소서 5장 1절에서 하나로 요약한다. "그러므로 사랑을 받는 자녀 같이 너희는 하나님을 본받는 자가 되고."

그리스도인은 하나님의 형상을 담은 그리스도를 본받아, 일하는 방식에서 반드시 자신이 예배하는 그분을 드러내야 한다. 그렇다면 하나님은 어떤 분이신가? 그분은 도둑이 아니시고 노동의 결실을 풍성히 나누는 일꾼이시다.

바울은 이 사실을 토대로 에베소서 4장 28절에서 하나님의 성품을 드러내지 못하는 일 세 가지를 지적한다.

- 도둑질(탐욕스러움)
- 정직하지 않은 일(부도덕하고, 돈을 벌기 위해 생명을 파괴하는 모든 악한 계획)
- 이기적인 것(나누기를 꺼리는 것)

"도둑질하는 자는 다시 도둑질하지 말고"라는 명령은, 여덟 번째 계명인 "도둑질하지 말라"(출 20:15)를 새 언약 아래에서 다시 분명히 드러내는 것이다. 많은 사람들이 십계명을 모세 율법이라는 광범위한 가르침을 함축하는 포괄적인 선언문으로 본다. 이는 웨스트민스터 대요리문답이 십계명을 해석하는 방식이기도 하다. 웨스트민스터 대요리문답이 제8계명을 어떻게 해석하는지 보라.

Q 141. 제8계명에 요구된 의무는 무엇인가?

A. 제8계명은 사람과 사람 사이 계약과 거래에 있어 진실함과 신실함, 공의로움을 요구한다. 이는 곧 각 사람에게 당연히 줄 것을 주는 것이며, 불법적으로 억류된 물건을 정당한 소유주에게 돌려주는 것이고, 다른 사람에게 필요한 것을 자신의 능력에 따라 아낌없이 주고 또 빌려주는 것으로, 이 세상 물질에 대한 우리의 판단과 의지와 애정을 절제하는 것이다. 또 장래를 대비해 우리의 본성과 상태에 따라 필요하고 편리한 것들을 획득하고 보존하고 사용하고 처리하는 일을 주의 깊게 살피고 돌보는 것이다. 그리고 불필요한 소송과 보증 등을 피하고, 다른 사람의 부와 외형적 재산을 자기 자신의 것을 구하듯

구하고 보존하고 증진하기 위해 공정하고 합법적인 모든 수단과 방법을 다해 노력하는 것이다.

Q 142. 제8계명에서 금지된 죄는 무엇인가?

A. 제8계명은 요구된 의무를 소홀히 하는 것 외에도 절도, 강도 및 납치, 장물 취득과 사기 거래, 저울과 치수를 속이는 일, 땅 경계표를 마음대로 옮기는 일, 사람들 간 계약이나 신용 거래를 불공정하고 불성실하게 맺거나 이행하는 일, 억압, 착취, 고리대금, 뇌물 징수, 소송을 남발하는 일, 불법적으로 부당하게 사람들을 내쫓는 일, 가격을 올리기 위해 매점매석하는 일, 비합법적인 직업, 이웃의 물건을 불공정하고 죄악된 방법으로 취하거나 억류하는 일, 그런 방법으로 자신의 부를 쌓는 일, 탐욕, 세상의 물건을 과도하게 취하고 사용하는 일, 세상의 물건을 의심스럽고 혼란스러운 방식으로 취하고 보존하고 사용하는 일, 다른 사람의 번영을 질투하는 일, 그러면서 태만하고 낭비하며 방탕한 놀음을 하는 일, 그 밖에 여러 다른 길로 우리 자신의 외적인 재산에 부당하게 손상을 입히는 일, 하나님이 우리에게 주신 재산을 적절히 이용하며 위안을 누리지 않고 스스로 사취하는 일 등을 금한다.

도둑질하지 말고 정직하게 일하며 노동하라는 에베소서 4장 28절의 명령은 제8계명에 함축된 모든 내용을 떠올리게 한다.

바울은 본질적으로 부당한 이득을 취하지 말라고 말한다. 정직하게 일하라는 지침은 부도덕하고 생명을 파괴하는 일을 하지 말라는 것이다. 즉 그리스도인은 죄와 관련된 산업에 종사해서는 안 된다. 성적으로 부도덕한 일이나 다른 사람을 중독시키는 일이나 재정적으로 종속시키는 일 등에 엮여서는 안 된다. 그리고 다만 스스로를 위해 일하는 것을 넘어 다른 사람을 위해 일해야 한다. 한마디로 말해 그리스도인은 '고결'해야 한다.

그렇다면 이 명령은 어떻게 우상숭배 행위를 금하는가?

도둑질은 하나님이 그분을 신뢰하는 자에게 필요한 것을 공급하겠다고 하신 말씀, 또 그분의 명령을 어기는 자를 벌하겠다고 하신 말씀을 믿지 않는다고 공표하는 것이다. 도둑질은 자신이 필요로 하고 바라는 것을 하나님이 공급하실지 신뢰할 수 없기 때문에 하나님을 높일 수 없다고 생각하는 자들이 선택하는 방법이다.

도둑질하는 자는 하나님의 공급하심으로 아무 부족 없이 광야 길을 지난 구속받은 이스라엘 백성과 자신을 동일시하지 않는 자다. 도둑질하는 자는 하나님과 다른 이들보다 자신과 자신의 욕망을 높이면서 두 가지 위대한 계명을 뒤집어버리는 자다.

또한 정직하지 않은 일에 관여하는 것은, 다른 사람을 속여서 빼앗는 자들, 간음을 저지르는 자들, 탐욕을 부르는 자들을 하나님이 벌하지 않으신다고 생각하며 공표하는 것이다. 나누기를 거부하는 자는, 모든 좋은 선물을 주시는 자비로운 하나님의 성품을 반영하지 않겠다고 거부하는 것이다.

일하지 않음: 데살로니가전서 4장 11-12절

"또 너희에게 명한 것 같이 조용히 자기 일을 하고 너희 손으로 일하기를 힘쓰라 이는 외인에 대하여 단정히 행하고 또한 아무 궁핍함이 없게 하려 함이라."

아마도 데살로니가 교회에는 그리스도 안에서 받은 정체성대로 살기를 거부한 사람들이 있던 것 같다. 그들은 유익한 노동에 참여하여 하나님의 성품을 드러내기보다 아무 일도 안 하는 편을 선호한 듯하다. 그래서 바울은 반복적으로 일을 하라고 권하면서, 일을 회피할 때 나타나는 다섯 가지 결과를 금한다.

- 갈등을 초래하는 불만
- 참견하는 행위

- 나태함
- 불량스러운 행위
- 다른 사람을 의존함

"조용히 하라"는 가르침은, 기독교 신앙에 부정적인 관심을 일으킬 정도로 다른 이에게 폐를 끼치거나 갈등을 일으켜서는 안 된다는 뜻이다. 이와 유사하게 "자기 일을 하라"는 가르침은 다른 사람의 일에 불필요하게 참견하지 말라는 뜻이다.

"너희 손으로 일하기를 힘쓰라"는 명령은 나태함을 금하며, "외인에 대하여 단정히 행하라"는 명령은 기독교가 좋은 평판을 얻도록 행하라는 권고이다.

바울은 일을 좋은 것으로 보았다. 장애나 질병, 노쇠함 등으로 불가능한 경우가 아니면 그리스도인은 필요를 스스로 공급하고 다른 이들에게 짐을 지우지 말아야 한다고 생각했다. 그래서 바울은 "아무 궁핍함이 없게 하려 함이라"고 가르쳤다. 일할 수 있음에도 다른 사람이 자신의 필요를 공급할 것이기에 일하지 않아도 되는 그런 선택지란 그리스도인에게 없다.

그리스도인은 자신의 정체성을 찾는 더 큰 맥락의 이야기 안에서 조용하고 바람직한 삶을 추구해야 한다. 하나님이 주신 특별한 사명을 발견하고 그것을 자신의 일로 알며, 하나님의 이름을 높이기 위해 다른 사람들에게 좋은 평판을 얻도록 생산적으로 일해야 한다.

무관심: 데살로니가전서 5장 14절

"또 형제들아 너희를 권면하노니 게으른 자들을 권계하며 마음이 약한 자들을 격려하고 힘이 없는 자들을 붙들어 주며 모든 사람에게 오래 참으라."

이 말씀에서 바울은 데살로니가 교회에 있는 네 가지 미숙함을 지적한다.

- 게으름
- 마음이 약함, 소심함
- 연약함
- 일하지 않는 자들에게 관심을 두지 않음

게으름, 마음이 약함, 연약함, 무관심은 성경이 말하는 하나님의 특징이 아니다. 게으름은 나태라는 악에 탐닉하는 것이며, 마음이 약함은 담대하게 신뢰하는 것의 반대이다. 연약함과 무관심은 하나님을 아는 자의 특징인 강인한 성품과 오래 참음의 정반대이다.

여기서 바울은 권면하고 권계하며 격려하고 붙들어 주고 오래 참으라고 말하는데, 모두 무관심의 반대이다. 이 가르침을 따르려면 그리스도인은 반드시 서로에게 관심을 기울여야 하고, 서로를 알아야 하며, 서로의 일에 관여해야 한다.

바울은 그리스도인들이 일하기를, 게으르지 않기를, 마음이 약하거나 소심해지지 않고 오히려 담대하게 적극적으로 용기를 내기를 바랐다. 또한 약하기보다 강하며, 쉽게 화를 내지 않고 오래 참기를 바랐다.

게으름: 데살로니가후서 3장 6-15절

"형제들아 우리 주 예수 그리스도의 이름으로 너희를 명하노니 게으르게 행하고 우리에게서 받은 전통대로 행하지 아니하는 모든 형제에게서 떠나라 어떻게 우리를 본받아야 할지를 너희가 스스로 아나니 우리가 너희 가운데서 무질서하게 행하지 아니하며 누구에게서든지 음식을 값없이 먹지 않고 오직 수고하고 애써 주야로 일함은 너희 아무에게도 폐를 끼치지 아니하려 함이니 우리에게 권리가 없는 것이 아니요 오직 스스로 너희에게 본을 보여 우리를 본받게 하려 함이니라 우리가 너희와 함께 있을 때에도 너희에게 명하기를 누구든지 일하기 싫어하거든 먹지도 말게 하라 하였더니 우리가 들은즉 너희 가운데 게으르게 행하여 도무지 일하지 아니하고 일을 만들기만 하는 자들이 있다 하니 이런 자들에게 우리가 명하고 주 예수 그리스도 안에서 권하기를 조용히 일하여 자기 양식을 먹으라 하노라 형제들아 너희는 선을 행하다가 낙심하지 말라 누가 이 편지에 한 우리 말을 순종하지 아니하거든 그 사람을 지목하여 사귀지 말고 그로 하여금 부끄럽게 하라 그러나 원수와 같이 생각하지 말고 형제 같이 권면하라."

바울은 데살로니가전서에서 게으름, 참견, 다른 사람에게 부담을 주면서 빈둥대는 행위를 지적했다. 아마도 회개하지 않은 몇몇 사람에게 이런 문제가 끈질기게 남아 있던 듯하다. 그래서 바울은 데살로니가후서 3장 6-15절에서 이 문제를 다시 한 번 논한다.

바울이 여기에서 제시하는 위험 요소들을 주목해 보자.

- 게으름(6절)
- 사도의 가르침을 거부함(6절)

- 사도의 본을 거부함(6절)
- 빈둥댐(8절)
- 폐를 끼침(8절)
- 일을 만들기만 함(11절)
- 하나님의 명예를 더럽히는 자들에 대한 관용(14-15절)

데살로니가후서 3장 6절에서 바울은 게으르고 일하지 않으려는 것은 사도의 전통을 거부하는 행위라고 말한다. 여기서 우리가 주목할 점은 급료를 받는다고 게으르지 않다는 것은 아니라는 사실이다. 어쨌든 우리는 기본적으로 게으르다 해도 급료를 받을 수 있다.

게으름과 반대되는 '일'이란, 하나님이 우리를 두신 동산에서 우리의 능력과 재능을 부지런히 쏟아내는 것이다. 그곳이 가정이든 교실이든 일터이든 필드(문자적으로나 비유적으로나)이든 어디든 말이다.

이 가르침은 남자와 여자가 하나님의 형상을 따라 창조되었으며 하나님으로부터 의미와 능력을 부여받았다는 성경의 거대 서사를 반영한다. 하나님의 형상과 모양을 따라 지음받은 사람이 얼마나 장엄한지 생각해 보라. 셰익스피어는 햄릿의 입술을 빌려 다음과 같이 말했다.

사람은 얼마나 위대한 걸작인가!

그 이성은 얼마나 고결하며

그 능력은 얼마나 무한하고

그 모습과 동작은 얼마나 또렷하고 감탄스러운가!

그 행동은 얼마나 천사와 같으며

그 이해는 얼마나 신과 같은가!

이 세상의 아름다움이여!

동물들의 귀감이여!(2.2.2.301-307)

데이비드 브룩스는 한 학자의 말을 인용해 이렇게 말했다. "인간의 정신은 언제라도 1,100만 개의 정보를 수용할 수 있는데, 인간은 가장 관대하게 잡아도 그중 40개만 의식할 수 있다."[3] 의미 있는 고찰이다. 여기서 우리는 하나님이 사람을 게으른 존재로 창조하지 않으셨음을 알 수 있다. 바울은 더욱이 데살로니가 교인들에게 '전통'을 맡겼는데, 여기에는 하나님이 그들을 부르신 과업도 포함된다.

6, 7절에서 보듯, 몇몇 데살로니가 교인은 단지 사도의 전통에서만 벗어난 것이 아니라, 사도의 본에서도 벗어나 있었다. 바울은 데살로니가 교인들에게 본을 제시하기 위해(9절) 누구에게든 값을 내고 음식을 먹었다고 말한다(8절). 또한 그는 일하기 싫

어하거든 먹지도 말게 하라고 강력하게 말하며(10절), 조용히 일하여 자신의 밥벌이를 하라고 강하게 촉구한다(12절).

이러한 가르침을 거절하는 자가 있다면, 교회는 반드시 그에게 형제 같이 권면해야 한다(15절). 그래도 회개하지 않고 게으르게 산다면, 교회는 그와 사귀지 말고 그로 하여금 부끄럽게 해야 한다(14절).

그리스도인은 게을러서는 안 된다.

자신을 더 높임: 야고보서 5장 4절

"보라 너희 밭에서 추수한 품꾼에게 주지 아니한 삯이 소리 지르며 그 추수한 자의 우는 소리가 만군의 주의 귀에 들렸느니라."

복음을 아름답게 하는 일에 대한 긍정적인 메시지를 알아보기 전에 마지막으로 야고보서 5장 4절을 살펴보자. 이 말씀은 일꾼에게 삯을 주지 않는 자들에 대한 저주를 담고 있다. 일꾼에게 삯을 주지 않는 것은 정의보다 나 자신의 관심사를 우선하는 것이다. 다시 말해 정직하게 일을 행한 자와 모든 거래를 살피시는 하나님보다 자신의 이익과 돈에 대한 사랑을 더욱 높이는 것이다.

하나님 사랑과 이웃 사랑을 전하지 못하는 일은 우상숭배이다. 그런 일은 하나님이 아닌 다른 것을 궁극적인 대상으로 높이는 것이기 때문이다. 또한 나 자신이나 돈, 개인의 계획 혹은 다른 무엇을 신으로 삼는 것이기 때문이다. 하나님이 계셔야 할 자리에 다른 대상을 두는 것, 그것이 곧 우상숭배이다.

마음을 새롭게 함으로 변화를 받으라

다시 로마서 12장 1-2절로 돌아가자.
"이 세대를 본받지 말고"라는 말씀을 우상숭배를 피하라는 뜻으로 정리할 수 있다면, "마음을 새롭게 함으로 변화를 받아"라는 말씀은 하나님 사랑과 이웃 사랑에 해당하는 것으로 정리할 수 있다. 이 원칙은 규칙 이상이다. 인간의 소명을 살아내는 일, 즉 하나님 사랑을 구현함으로써 참되신 하나님의 형상을 드러내는 일은 절대로 완벽하게 성문화될 수 없기 때문이다.[4]

일에 대한 신약의 관점은 결국 하나님 사랑과 이웃 사랑으로 요약할 수 있다. 이 두 가지 제목 아래 다음 사항들을 생각해 보기로 하자.

하나님을 사랑하라

우리는 어떻게 일을 통해 하나님을 사랑할 수 있을까? 다음 말씀들을 보며 일에 대한 신약의 대표적인 가르침을 알아보자.

1) 하나님이 기뻐하시도록(달란트 비유: 마 25:14-30)

달란트 비유를 통해 예수님은 우리가 일을 할 때 진취적으로 근면함으로 영리하게 이익을 내도록 노력해야 한다고 말씀하신다(20-23, 27절). 예수님은 나태하고 결실 맺기를 두려워하고 도전하지 않는 것을 싫어하신다(26-30절).

2) 하나님의 영광을 위해(고전 10:31)

바울은 무엇을 하든지 다 하나님의 영광을 위해 하라고 말한다. 하나님은 자신의 영광으로 채우기 위해 이 세상을 창조하셨다. 세상에 하나님의 성품을 드러내야 하는 우리는 먹든 마시든 무엇을 하든지 하나님의 이름이 높아지기를 추구해야 한다.

3) 주 예수의 이름으로(골 3:17)

예수님의 이름은 예수님의 성품과 사명에 관한 것이다. 따라서 주 예수님의 이름으로 일한다는 것은 예수님의 성품을 드러내는 방식으로, 예수님의 사명에 참여하는 방식으로 일한다는 것이다. 예수님의 성품을 나타내는 것은 보이지 않는 하나님의 형상으로 변화되는 것이다(고후 3:18, 골 1:15). 다시 말해 하나님의 영광을 위해 일하라고 강권하는 바울의 다른 표현이다.

4) 주님을 위해 마음을 다해(골 3:23)

바울은 하나님의 영광을 위해 일하는 것에 덧붙여 주님을 위해 마음을 다해 일하라고 가르친다. 이는 단지 사람들 앞에서 어떤 모습을 유지할 정도로만 일하지 말고, 자신의 모든 존재를 쏟아부어 일하라는 말처럼 들린다. 일을 통해 하나님을 섬기려는 그리스도인은 영혼 깊이 모든 힘을 쏟아 창조적인 능력을 발휘하여 일해야 한다. 우리의 목적이 하나님의 영광이라면, 그 무엇으로도 어느 정도로도 충분하지 않다.

하나님이 베푸신 구원, 하나님의 그 큰 사랑을 묵상할 때 우리는 고통스러운 굴레까지도 하나님의 영광을 드러내는 장으로 변화시킬 수 있다.

필리스 위틀리는 미국에서 책을 출판한 최초의 흑인이자 두 번째 여성이다. 그는 1761년에 7~8세 정도 되었을 때 아프리카에서 미국으로 끌려왔다. 필리스는 1773년 종교적이고 도덕적인 다양한 주제를 다룬 운문들을 발표했는데, 모두 천재적인 재능을 드러냈다. 출판 당시 그의 나이가 고작 19~20세였음을 생각하면 더욱 놀라웠다. 특히 "아프리카에서 아메리카로 이송됨에 관하여"[5]라는 시에서 위틀리는 저항할 수 없는 하나님의 사랑의 능력을 노래했다.

> *이교도* 땅에서 나를 옮기신 것 자비라.
> 어리석은 내 영혼을 가르치사
> 살아 계신 하나님을,
> 살아 계신 *구세주*를 알게 하시네.
> 구속함을 알지도 구하지도 못했던 그때
> 누군가 우리 흑색 인종을 경멸의 눈으로 보며 말했다.
> "저들의 색은 마귀의 금형!"
> 그러나 기억하라, *그리스도인*, *니그로*,
> 그리고 *가인*처럼 검은 자들이 모두 제련되어
> 저 천사의 무리에 참여하리라.

필리스 위틀리는 노예선을 타고 미국으로 이송되었다. 그러나 미국으로 온 것이 하나님의 '자비'라고 생각될 정도로 그는 하나님의 큰 사랑을 경험했다. 기독교를 전혀 접하지 못한 채

고국에 남아 있느니 노예로서 하나님을 알게 된 편이 더 낫다고 고백할 정도였다. 노예였던 한 여인의 작품에 하나님의 사랑이 숨쉬고 있다.

이웃을 사랑하라

그리스도인이 따라야 할 가장 큰 명령은 주 우리 하나님을 사랑하라는 것이다. 그리고 두 번째로 큰 명령은 이웃을 자신과 같이 사랑하라는 것이다. 그리스도인은 주님을 위해 일할 뿐 아니라, 다른 이의 유익을 위해서도 일해야 한다.

신약 성경은 우리가 이웃을 사랑하기 위해 어떻게 일해야 하는지 다음과 같이 알려준다.

1) 다른 이의 유익을 위해 고된 일을 담당하기까지(고전 9:6-27, 15:10)

바울은 고린도전서 9장에서 자신의 권리를 다 누리지 않고, 사역에 필요한 비용을 마련하기 위해 일을 했다고 말한다. 이는 그리스도를 닮은 자의 본을 보임으로써 고린도 교인들에게 영적으로 유익을 끼치려는 것이었다. 고린도전서 15장 10절에서는 하나님의 은혜를 입어 다른 사도들보다 더욱 열심히 일할 수 있었다고 말한다.

그리스도인은 두 가지 면에서 바울을 본받아야 한다(고전 11:1). 그리스도인은 첫째, 다른 이의 유익을 위해 자신을 희생해야 한다. 둘째, 열심히 일할 수 있도록 하나님의 은혜를 구해야 한다.

2) 사역을 후원하기 위해(고전 9:14; 갈 6:6)

바울은 복음을 통해 먼저 은혜받은 자들은 복음 사역을 하는 자들의 재정적인 필요와 그들이 이동하는 데 소요되는 것들을 후원해야 한다고 여러 편지에서 말한다. 일을 하는 그리스도인은 노동의 결실을 나눔으로써 그리스도인 일꾼들을 후원하여 그들로부터 복음을 듣는 자들에게 유익을 끼칠 수 있다.

3) 가난한 자들을 구제하기 위해(엡 4:28)

바울은 에베소 교인에게 궁핍한 자들과 함께 나누라고 권면한다. 그리스도인은 일을 하여 그 결실로 복음 사역을 후원하고 궁핍한 이에게 후하게 베풀어야 한다.

디모데전서 5장 9-16절에서 바울은 과부를 후원하는 일에 대한 지침을 내리는데, 여기에는 한 과부가 후원을 받기에 적합한지 여부를 판단하는 내용도 포함되어 있다. 바울이 분명하게 밝힌 규칙에 따르면, 반드시 일해야 할 사람이 일하지 않고 나태하게 지낸다면, 그의 필요까지 채우지 않아도 된다(살후 3:6-15 참조). 또한 처음부터 교회가 짐을 지는 것이 아니라, 그 과부의 가족이 부양할 책임을 다하도록 해야 한다(딤전 5:8, 16).

바울은 그리스도인이 상처를 주는 방식으로 돕는 것을 원하지 않았다.[6]

4) 폐를 끼치지 않는 삶을 살도록(살전 4:11; 살후 3:12)

다시 말해 그리스도인은 평온한 삶을 위해 일해야 한다. 그리스도인에게 일은 하나님의 성품을 나타내며 하나님이 어떤 분이신지 세상에 보여줄 기회이다.

5) 믿지 않는 이들에게 좋은 증거로서(고전 9:12; 살전 4:12; 딤전 5:14, 6:1, 딛 2:5, 9)

그리스도인은 비신자들이 기독교와 그리스도인을 어떻게 바라볼지 생각하며 일해야 한다. 즉 그리스도인은 비신자들이 우리의 신앙을 인정할 수 있도록 일해야 한다. 그리스도인은 다른 이들에게 혐오감이나 불쾌감을 일으키지 말아야 한다. 오히려 다른 이들의 마음을 끌 수 있어야 한다.

믿지 않는 사람들이 우리의 신앙을 어떻게 바라볼지 관심을 갖는다는 것은, 다른 이들이 그리스도 안에서 하나님을 알고 누리고 영화롭게 하기를 바라는 소망과 맞닿아 있다. 이는 지상대 명령(마 28:18-20)과도 이어진다. 그리스도인은 믿음에 좋은 평판을 더하는 선행을 통해 모든 민족을 제자 삼으라는 과업에 참여해야 한다.

6) 다른 사람에게 짐을 지우지 않도록(고후 11:9, 12:14, 16; 살전 2:9, 4:12; 살후 3:8)

그리스도인은 교회의 다른 구성원에게 버거운 짐을 지우지 말아야 한다. 그보다는 일을 해서 복음 사역과 궁핍한 자를 돌보는 일에 재정적으로 보탤 수 있어야 한다.

7) 인종과 지위를 뛰어넘는 형제애를 나타내도록(딤전 6:2; 몬 16)

그리스도 안에서 신자가 누리는 연합은 인종과 신분에 차별을 두는 비인간적인 문화 기준을 무너뜨리고 뛰어넘는다.[7] 모든 사람은 하나님의 형상으로 창조되었기에 우리는 일을 통해 모든 사람의 고귀함과 가치를 드러내야 한다. 더 나아가 믿음의 가족 안에 있는 자들은 서로를 형제이자 그리스도의 공동 상속자로 여겨야 한다.

믿음으로 그리스도와 연합해 새로운 신분을 얻은 그리스도인은, 하나님 나라가 완전히 도래하기 전인 지금, 즉 '이미'와 '아직' 사이에서 일을 통해 그 정체성을 살아내야 한다.

그리스도 안에서 일하라

팀 켈러는 이렇게 썼다. "일에 대한 성경신학을 꿰고 있는 그리스도인이라면, 사람이 하는 모든 일을 가치 있게 여기며 참여하는 법을 배운다. 그뿐 아니라 그리스도인으로서 구분되게 일하는 방법을 찾는다."[8]

낮고 천한 몸이 구속받아 죽은 자 가운데 부활하기를 기다리는 우리는 그리스도인으로서 하나님 사랑과 이웃 사랑을 드러내는 방식으로 일해야 한다. 그때 우리는 참되고 살아계신 하나님의 형상과 모양을 살아낼 수 있다. 우리는 어느 수준의 영광을 누리다가 마침내 그 아들의 형상으로 변화될 것이다. 이렇게 하나님과 함께한다면, 타락하고 무익한 세상에서도 우리는 번성할 수 있다.

그러나 내가 나 된 것은 하나님의 은혜로 된 것이니
내게 주신 그의 은혜가 헛되지 아니하여
내가 모든 사도보다 더 많이 수고하였으나
내가 한 것이 아니요
오직 나와 함께 하신 하나님의 은혜로라

(고전 15:10)

일의 의미를 찾고 나를 찾는 질문

1. 우리는 일에 대한 신약의 가르침을 어떤 맥락 안에서 이해해야 하는가? 바울의 가르침을 듣는 대상은 누구인가?

2. 그리스도인이 하나님의 선하시고 기쁘시고 온전하신 뜻을 따라 일해야 하는 근거는 무엇인가? (롬 12:1-2 참조)

3. 그리스도인이 일을 통해 드러내야 하는 두 가지 위대한 지침은 무엇인가?

4. 어떤 일이 우상숭배적인 일인가? 당신의 일에 우상숭배적인 요소가 있다면 어떤 부분인가?

5. 어떤 일이 우상숭배가 아닌 일인가? 당신은 일을 통해 어떻게 하나님의 성품을 드러내는가?

6. 일을 통해 하나님 사랑과 이웃 사랑을 드러내는 데 있어 새롭게 도전받은 부분이 있는가? 당신의 일은 하나님 사랑과 이웃 사랑을 어떻게 표현할 수 있는가?

   1) 하나님 사랑을 표현하는 방법 :

   2) 이웃 사랑을 표현하는 방법 :

PART 4

회복,
마침내 온전히 기쁨으로 하게 될 일

Work &
Our Labor
in the Lord

볼프강 아마데우스 모차르트는 역사상 가장 유명한 작곡가이다. 600곡이 넘는 그의 작품은 지금까지도 많은 사람들의 사랑을 받고 있다. 안타깝게도 모차르트는 1791년 고작 35세로 세상을 떠난다. 이는 천재를 떠나보낸 모든 이에게 비극이었는데, 더는 그의 새로운 작품을 접할 수 없게 되었기 때문이다.

퓰리처상을 수상한 존 케네디 툴의 소설 『바보들의 결탁』 서문에서 워커 퍼시는 이렇게 썼다. "존 케네디 툴이 더 이상 글을 쓰지 못한다는 것은 너무도 아쉬운 일이다. 이 책에는 두 가지 비극이 있는데, 하나는 저자가 1969년 32세로 자살했다는 것이며, 다른 하나는 우리가 이제 그의 새로운 작품에 접근할 수 없다는 것이다."[1]

그 후에 우리는 무엇을 하게 될까?

아담과 하와가 선악을 알게 하는 나무의 열매를 따 먹은 후 일은 도덕적, 물리적, 정신적, 정서적인 갖가지 고통으로 엉망이 되었다. 얼마나 많은 운동선수가 부상으로 전도유망한 커리어를 망치고 말았는가? 얼마나 많은 젊은 논객들이 암으로 쓰러지고 말았는가? 얼마나 많은 기술자들이 이유를 알 수 없는 증상으로 일할 수 없게 되었는가? 얼마나 많은 목회자, 교사, 정치인들이 도덕적으로 실패하는 바람에 파면되고 말았는가?

사람이 70년 이상을 산다 해도 일한 기간은 결국 기억 속으로 사라질 것이다. 전도서 12장 5-7절은 이렇게 말한다. "살구나무가 꽃이 필 것이며 메뚜기도 짐이 될 것이며 정욕이 그치리니 이는 사람이 자기의 영원한 집으로 돌아가고 조문객들이 거리로 왕래하게 됨이니라 은 줄이 풀리고 금 그릇이 깨지고 항아리가 샘 곁에서 깨지고 바퀴가 우물 위에서 깨지고 흙은 여전히 땅으로 돌아가고 영은 그것을 주신 하나님께로 돌아가기 전에 기억하라."

죽음은 누구의 일이든 끝낸다. 살만큼 산다 해도 노화가 그렇게 할 것이다.

하나님은 사람을 일하도록, 다시 말해 생육하고 번성하여 땅에 충만하고 땅을 정복하고 다스리도록(창 1:28), 그리고 하나님이 지으신 동산을 지키고 경작하도록(창 2:15), 또 하나님의 성품을 반영하여 하나님의 창조세계를 개선하고 모든 생명으로 번성케 하도록 창조하셨다.

그러나 사람은 죄를 저질러 이 땅에 사망과 공허함을 가져왔다. 그러나 하나님은 자비로운 지침을 주셔서 이 타락하고 허무한 세상에서 번성하게 하셨다. 그리고 그리스도 안에서 우리를 구속하셔서 일에 대한 우상숭배적 접근에서 우리를 자유롭게 하셨다. 그뿐 아니다. 하나님은 우리의 일이 하나님과 이웃을 사랑하는 장이 되게 하셔서 우리가 주님을 추구하며 일하고 복음을 아름답게 하도록 동기를 주셨다.

그러나 그럼에도 불구하고 우리는 죄가 있기 전의 모습이 아니다. 그리고 세상은 허무함에 굴복하고 말았다. 과연 이 이야기는 어디에 착륙할 것인가?

이 질문은 다시 이렇게 말할 수 있다. 그리스도께서 구속을 완성하기 위해 다시 오신 후, 우리는 일에 대해 어떤 이야기를 하게 될까? 새 하늘과 새 땅에서의 일은 과연 어떤 모습일까?

물론 우리는 확신할 수 없다. 하나님이 무엇을 어떻게 하실지 알 수도 없고 상상할 수도 없다(고전 2:9 참조). 바울은 말했다. "우리가 지금은 거울로 보는 것 같이 희미하나 그 때에는 얼굴과 얼굴을 대하여 볼 것이요 지금은 내가 부분적으로 아나 그 때에는 주께서 나를 아신 것 같이 내가 온전히 알리라"(고전 13:12).

우리는 성경을 통해 두 가지를 알 수 있다. 하나는 미래에 대한 구체적인 진술에서 찾아낸 세부사항이고, 다른 하나는 이 세부사항을 이해하도록 돕는 개괄적인 그림이다. 개괄적인 그림은 구약을 통해 그 윤곽을 잡을 수 있다. 새로운 출애굽에 대한 기대, 새로운 시내 율법, 새로운 성전, 새롭게 성령을 경험함, 광야를 지나는 새로운 순례길, 그 땅을 새롭게 정복함, 그리고 다윗의 계보에서 나오는 새로운 왕의 인도. 신약은 이 이미지들에서 예수님이 오셔서 성취하신 일들과 다시 오셔서 성취하실 일들을 가리키는 데 필요한 자금을 찾는다.

하나님은 이 세상을 창조하실 때 작정하신 목적을 모두 이루신다. 하나님은 좌절된 첫 번째 시도를 폐기하지 않고 다시 시작하셨다. 아니, 오히려 이 땅을 창조하실 때 작정하신 일들을 새로운 세상으로 가져가실 것이다. 하나님은 세상을 새롭게 만드실 것이다. 그리고 우리는 새로운 일을 하게 될 것이다.

그리고 그 새로운 일은, 하나님의 사람으로서 하나님의 자리에서 하나님의 방식으로 다스리고 정복하고 경작하고 주권을 행사하고 판단을 내리는 일이다.

이번 장에서 우리는 성경이 미래에 대해 제시하는 몇 가지 세부적인 표본들을 살펴보며, 그 의미를 알게 하는 개괄적인 그림으로 나아가려 한다. 즉 나무 하나하나를 살펴보는 일에서 전체 숲을 바라보는 일로, 재료 하나하나를 살펴보는 일에서 그 재료로 지은 건물 전체를 바라보는 일로 나아갈 것이다.

무엇을 통해 그 일을 하게 될까?

하나님이 목적을 모두 이루셨을 때 우리는 과연 무엇을 보게 될까?[2] 다니엘은 이렇게 설명한다. "네 백성과 네 거룩한 성을 위하여 일흔 이레를 기한으로 정하였나니 허물이 그치며 죄가 끝나며 죄악이 용서되며 영원한 의가 드러나며 환상과 예언이 응하며 또 지극히 거룩한 이가 기름 부음을 받으리라"(단 9:24).

"일흔 이레"를 계산하면 490년이 된다. 이스라엘 백성은 49년마다 희년을 기념했는데, 이때는 포로가 해방되고 빚이 탕감되며 땅은 본래 지파로 귀속되었다. 희년이 되면 뿔나팔을 크게 불었는데(레 25:9), 이사야서 27장 13절은 하나님의 목적이 성취되는 그날에 큰 나팔을 불 것이라고 말한다. 바울도 데살로니가전서 4장 16절에서 주께서 하나님의 나팔 소리로 친히 하늘로부터 강림하신다고 말했다. "일흔 이레"가 가리키는 490년은 희년의 열 배를 말하는데, 이 상징적인 기간이 끝나는 날 하나님의 목적이 성취될 것으로 보인다.[3]

다니엘서 9장 24절은 거기에는 더 이상 죄가 없고 영원한 의로움이 있으며, 환상과 예언이 응하고, 거룩한 성전(개역개정은 "거룩한 이"로 번역했다. 저자가 참고한 ESV 성경은 "the most holy place"로 번역했다.-편집자주)이 기름 부음을 받는다고 말한다. 이 성전은 하나님이 만드신 세상을 상징한다(시 78:69; 사 66:1 참조). 요한도 계시록에서 새 예루살렘을 설명하며 새 성전이라 묘사했다. 따라서 나는 다니엘서 9장 24절이 말하는 기름 부음을 받은 새로운 거룩한 곳이란 새 하늘과 새 땅에 있는 우주적 성전일 것이라고 생각한다.

또 만물의 결국이 죄 없는 의로움으로 귀결되리라는 개념은 베드로후서 3장 13절에서도 확인된다. "우리는 그의 약속대로 의가 있는 곳인 새 하늘과 새 땅을 바라보도다." 새 하늘과 새 땅은 새로운 우주적 성전이 될 것이다. 죄를 지은 첫째 아담과 달리 둘째 아담이신 예수님은 그 나라가 임할 때 하나님의 뜻을 완전히 이루실 것이다.

그렇다면 어떻게 죄인이 그 나라에 들어가는가? 그리고 그곳에서 그들은 무엇을 하는가?

하나님은 아담을 '왕' 같은 존재, 하나님이 만드신 세상에 주권을 발휘할 자로 창조하셨다. 또 '제사장'으로 지으셨는데, 아담이 동산을 가꾸고 경작하는 일을 설명할 때 사용된 단어는 레위인들이 성막을 가꾸고 보존하는 일을 설명할 때 사용된 단어와 같다.

그런 아담이 죄를 저지르고 동산에서 추방되자, 하나님은 이스라엘을 "제사장 나라"로 삼으셨다(출 19:6). 그리고 거의 새 에덴이라고 할 수 있는 약속의 땅에서 그들에게 하나님의 임재 가운데 살아갈 새로운 기회를 주셨다. 그러나 아담처럼 이스라엘도 언약을 깨뜨리고 그 땅에서 추방당했다.

때가 되어 예수님이 다윗의 계보를 따라 이스라엘의 '왕'으로 오셨다. 그분은 또한 멜기세덱의 반차를 따라 예언된 '제사장'으로 오셨다.

예수님은 우리를 "왕 같은 제사장"(벧전 2:9)으로 삼으셨다. "우리를 사랑하사 그의 피로 우리 죄에서 우리를 해방하시고 그의 아버지 하나님을 위하여 우리를 나라와 제사장으로 삼으신 그에게 영광과 능력이 세세토록 있기를 원하노라 아멘"(계 1:5-6). 우리는 창조세계에 하나님이 주신 주권을 행하며 하나님을 예배하고 하나님을 아는 지식을 전하도록 창조되었다.

그렇다면 이 개념들이 어떻게 우리를 새 하늘과 새 땅에서 하게 될 일로 인도할까? 바로 이 길을 통해서다. 이 땅과 저 땅 사이에 놓인 부활을 통해.

부활

구약과 신약은 의인과 악인이 맞이할 미래가 무엇인지 가리킨다. 다니엘서 12장 2절은 이에 대해 구약의 근본이 되는 말씀이다. "땅의 티끌 가운데에서 자는 자 중에서 많은 사람이 깨어나 영생을 받는 자도 있겠고 수치를 당하여서 영원히 부끄러움을 당할 자도 있을 것이며"(이 밖에도 사 25:7-8, 26:14-19 참조).[4]

우리는 미래에 육신 없이 초자연적인 형태로 존재하는 것이 아니다. 우리는 죽은 자 가운데서 살아나 부활의 몸을 받는다. 바울은 빌립보서 3장 20-21절에서 이렇게 말했다. "그러나 우리의 시민권은 하늘에 있는지라 거기로부터 구원하는 자 곧 주 예수 그리스도를 기다리노니 그는 만물을 자기에게 복종하게 하실 수 있는 자의 역사로 우리의 낮은 몸을 자기 영광의 몸의 형체와 같이 변하게 하시리라."

몸의 부활은 새 하늘과 새 땅에 대한 소망과 한길에 있다. 역사를 보면, 인간의 힘으로 하나님 나라를 이룩하려 했던 여러 사회공학적 실험들이 있었다. 휘태커 챔버스는 공산주의 안팎을 탐구한 자신의 여정을 기록한 책 『증인』(Witness)에서 이렇게 강력히 말한다.

> 공산주의자의 꿈은 하나님 없는 사람이라는 꿈이다. 곧 이 세상을 창조한 지성의 자리에 하나님이 아닌 인간을 앉히려는 꿈이다. 오직 인간 이성의 힘으로 인간의 운명을 바꾸고 인간의 삶과 세계를 재편성하겠다는 인간 정신 해방의 꿈이다.

…… 공산당은 역사상 가장 혁명적인 질문을 던지며 실천적인 형태로 이 꿈을 제시한다. "하나님인가, 인간인가?"5)

찰스 테일러는 그리스도인과 세속주의자 모두가 직면한 딜레마, 즉 어느 정도 선을 이루기 위해 성 또는 폭력에 대한 육체적 충동을 거부하려는 시도로 우리 인류의 팔다리를 자르지는 않으면서 이 세상에 실제로 존재하는 악한 것들을 미화하거나 덮어버리지 않는 일에 대해 논한다.6)

최근에 만난 택시 운전사도 자신의 팔다리를 잘라내고 싶지는 않았던 것 같다. 그는 자기 자신이 되어야 했기에 기독교를 떠났다고 말했다. 그는 동성애자였는데, 죄악된 욕망을 잘라내라는 성경의 엄격한 명령을 보고는 신앙을 떠났다.

그러나 죽은 자 가운데서 부활하리라는 성경적 소망은 성경이 요구하는 그 어떤 자기 부인도 가치 있는 희생으로 여기에 한다. 또 우리가 얻을 것을 위해 인내하게 한다. 하늘과 땅이 새롭게 되리라는 말씀은 잘못된 모든 것(욕구를 포함해)이 바르게 될 것을 약속한다. 메릴린 로빈슨의 소설 『길리아드』는 이를 다음과 같이 잘 표현했다. "'모든 눈물을 그 눈에서 닦아 주시니'(계 21:4; 사 25:8 참조). 이 구절이 정확히 무엇을 요구하든, 이 구절의 사랑스러움은 조금도 줄지 않는다."7)

죽은 자들이 부활할 뿐 아니라 메뚜기가 먹어 치운 시절들이 회복될 것이다(욜 2:25). 죄 때문에 파괴된 것들이 회복될 것이다. 하나님이 우리 마음의 모든 열망을 만족시키실 것이다. 죄악된 열망은 의로운 열망의 왜곡에 불과하다. 하나님이 우리를 만족시키실 것이다. 우리에게는 이를 믿을 이유가 충분히 있다.

회복

회복은 두 가지로 일어난다. 첫째, 사람의 회복. 둘째, 땅의 회복.

사람의 회복

사람의 회복은 앞에서 다룬 부활에 대한 소망에 살을 붙인다.

몇 해 전, 앞을 보지 못하는 친구가 성가대에서 주님의 위대한 구원을 노래했다. 친구가 주님을 기뻐하는 모습을 지며보며 이렇게 생각했다. '이 친구는 언젠가 반드시 보게 될 거야.'

이사야서 29장 18절은 이렇게 말한다. "그 날에 못 듣는 사람이 책의 말을 들을 것이며 어둡고 캄캄한 데에서 맹인의 눈이 볼 것이며." 이사야서 35장 5-6절에서도 같은 메시지를 들을 수 있다. "그 때에 맹인의 눈이 밝을 것이며 못 듣는 사람의 귀가

열릴 것이며 그 때에 저는 자는 사슴 같이 뛸 것이며 말 못하는 자의 혀는 노래하리니 이는 광야에서 물이 솟겠고 사막에서 시내가 흐를 것임이라." 예수님은 다시 오셔서 보지 못하는 자들을 보게 하시고, 저는 자들을 온전하게 하실 것이다.

이사야서 전체 맥락에서 볼 때 이 본문들은, 사명을 받은 이사야가 극복해야 했던 완악함(사 6:9-10)이 역전되는 상황을 가리킨다. 완악한 마음이 부드러워지는 것과 사람이 회복되는 것은 곧 죽은 자 가운데서 부활하는 것과 연결된다. 바울은 이렇게 말했다. "그 받아들이는 것이 죽은 자 가운데서 살아나는 것이 아니면 무엇이리요"(롬 11:15; 완악함에 대해서는 롬 11:25-32 참고).

바울은 우리가 바라는 회복을 이렇게 선포한다. "우리가 흙에 속한 자의 형상을 입은 것 같이 또한 하늘에 속한 이의 형상을 입으리라"(고전 15:49).

땅의 회복

하나님의 마지막 계획은 영광스러운 종말론적 회복이다. 만물이 타락하기 전으로 돌아갈 뿐 아니라 원래보다 더 좋을 것이다. 하나님이 새롭고 더 나은 에덴을 가져오시리라는 것은 이사야서 51장 3절에 분명하게 나타난다.

"나 여호와가 시온의 모든 황폐한 곳들을 위로하여 그 사막을 에덴 같게, 그 광야를 여호와의 동산 같게 하였나니 그 가운데에 기뻐함과 즐거워함과 감사함과 창화하는 소리가 있으리라."

에스겔서 36장 35절도 비슷하다. "사람이 이르기를 이 땅이 황폐하더니 이제는 에덴 동산 같이 되었고 황량하고 적막하고 무너진 성읍들에 성벽과 주민이 있다 하리니."

하나님이 자기 백성을 회복하실 때, 그분은 또한 다윗의 무너진 장막을 일으키시고 그 허물어진 것을 일으켜 옛적과 같이 세우실 것이다(암 9:11). 하나님의 백성이 그 땅을 소유할 것이다(12절). 그 땅은 매우 비옥해서 파종하는 자가 추수하는 자의 뒤를 이를 것이다(13절). 백성들의 산업이 회복될 것이다(14절). 하나님의 백성은 다시 뽑히지 않을 땅에 심겨질 것이다(15절).

상속, 청지기직, 통치

그렇다면 우리는 무엇을 위해 죽은 자 가운데서 부활하여 회복되는 것일까? 하나님의 백성은 부활한 몸으로 새로운 창조세계에서 무엇을 하는가?

예수님은 마태복음 5장 5절에서 이렇게 약속하셨다. "온유한 자는 복이 있나니 그들이 땅을 기업으로 받을 것임이요." 하나님은 아담을 땅에 두시고는 이 땅에 충만하고 땅을 정복하라고 말씀하셨다. 그러나 아담은 죄를 지음으로써 이 땅의 지배권을 사탄에게 넘겨주고 말았다. 그래서 예수님은 사탄을 이 세상의 임금(요 12:31)이라 말씀하셨다.

하나님은 아브라함에게 땅을 약속하시고(창 12:1-3), 이스라엘에게 땅을 주셨지만, 그들은 언약을 어겨 땅을 빼앗겼다. 그러나 예수님이 이 세상의 임금을 쫓아내시고(요 12:31) 이 땅의 정당한 주권을 되찾으셨다. 이분이 바로 다니엘서 7장에 나오는, 영원한 주권을 행사하실 인자이시다(14절). 그분의 성도는 나라를 얻고 그분과 함께 다스릴 것이다(22, 27절).

예수님은 신실한 자들이 받을 상급에 대한 힌트도 주셨다. "주인이 올 때에 그 종이 이렇게 하는 것을 보면 그 종이 복이 있으리로다 내가 진실로 너희에게 이르노니 주인이 그의 모든 소유를 그에게 맡기리라"(마 24:46-47; 눅 12:43-44 참조). 예수님은 신실한 자들을 그분께 속한 모든 것을 관리하는 청지기로 삼으실 것이다.

예수님의 이 가르침은 바울이 고린도 교회에 다음과 같이 말할 수 있던 배경이 된다. "그런즉 누구든지 사람을 자랑하지 말라 만물이 다 너희 것임이라 바울이나 아볼로나 게바나 세계나 생명이나 사망이나 지금 것이나 장래 것이나 다 너희의 것이요 너희는 그리스도의 것이요 그리스도는 하나님의 것이니라"(고전 3:21-23).

하나님은 아담을 왕 같은 제사장으로 동산에 두셨다. '왕–제사장'(the priest-king)이신 예수님은 아담이 실패한 그곳에서 성공하시고, 자기 백성을 왕 같은 제사장으로 삼으셨다. 그리고 자신을 따르는 '왕–제사장들'(the priest-kings)에게 임무를 맡기겠다고 약속하신다.

부자 청년에 대한 기록에서 우리는 "내가 진실로 너희에게 이르노니 세상이 새롭게 되어 인자가 자기 영광의 보좌에 앉을 때에 나를 따르는 너희도 열두 보좌에 앉아 이스라엘 열두 지파를 심판하리라"(마 19:28)는 예수님의 말씀을 본다. 이는 열두 제자에게 약속하신 열두 보좌에 대한 말씀이다. 따라서 예수님을 따르는 모든 자가 마지막에 반드시 그러한 자리에 앉게 된다는 뜻은 아니다. 그러나 이 말씀에서 우리는 예수님을 따르는 자들이 아담에게 맡겨졌던 처음의 주권을 행사하게 될 것을 알 수 있다.

달란트 비유에서도 똑같은 개념을 찾을 수 있다. 맡겨진 바를 몇 배로 불린 종들에게 주인은 이렇게 말한다. "잘하였도다 착하고 충성된 종아 네가 적은 일에 충성하였으매 내가 많은 것을 네게 맡기리니"(마 25:21, 23). 누가는 이와 비슷하게 열 므나 비유를 전하는데, 주인은 신실한 자들에게 이렇게 말한다. "잘하였다 착한 종이여 네가 지극히 작은 것에 충성하였으니 열 고을 권세를 차지하라"(눅 19:17, 19).

'보좌'는 고대 사회에서 심판과 관련된 단어이다. 즉 보좌에 앉으리라는 표현은 예수님을 따르는 자들이 권세를 누리며 통치하게 되리라는 뜻이다. 그러기에 열두 보좌에 대한 예수님의 말씀은 바울이 다음과 같이 말한 배경이 된다. "성도가 세상을 판단할 것을 너희가 알지 못하느냐 세상도 너희에게 판단을 받겠거든 지극히 작은 일 판단하기를 감당하지 못하겠느냐 우리가 천사를 판단할 것을 너희가 알지 못하느냐 그러하거든 하물며 세상 일이랴"(고전 6:2-3).

요한계시록 5장에서 네 생물은 예수님이 각 족속과 방언과 백성과 나라의 사람들을 피로 사셨음을 찬양한 후(9절) 이렇게 말한다. "그들로 우리 하나님 앞에서 나라와 제사장들을 삼으셨으니 그들이 땅에서 왕 노릇 하리로다"(10절). 예수님이 나라와 제사장으로 삼은 자들은 왕이신 예수님 아래에서 그분이 회복하신 주권을 행사하며 새 하늘과 새 땅을 다스릴 것이다. 그리고 예수님과 함께 잔치에 참여할 것이다.

잔치

마태복음 8장 11절에서 예수님은 이렇게 말씀하신다. "너희에게 이르노니 동 서로부터 많은 사람이 이르러 아브라함과 이삭과 야곱과 함께 천국에 앉으려니와." 시간이 흘러 예수님은 성찬을 시작하며 이렇게 단언하신다. "너희에게 이르노니 내가 포도나무에서 난 것을 이제부터 내 아버지의 나라에서 새것으로 너희와 함께 마시는 날까지 마시지 아니하리라"(마 26:29).

이 잔치는 신실한 자들을 위해 준비된다. 예수님은 누가복음 22장 28-30절에서 이렇게 말씀하셨다. "너희는 나의 모든 시험 중에 항상 나와 함께 한 자들인즉 내 아버지께서 나라를 내게 맡기신 것 같이 나도 너희에게 맡겨 너희로 내 나라에 있어 내 상에서 먹고 마시며 또는 보좌에 앉아 이스라엘 열두 지파를 다스리게 하려 하노라."

이 잔치는 어린 양의 혼인잔치와 함께 벌어진다(계 19:7). 요한계시록 19장 9절에서 요한은 이렇게 말했다. "천사가 내게 말하기를 기록하라 어린 양의 혼인 잔치에 청함을 받은 자들은 복이 있도다 하고 또 내게 말하되 이것은 하나님의 참되신 말씀이라 하기로." 어린 양의 혼인잔치를 즐거워하게 될 모든 자들은 참으로 복이 있다.

현재의 신실함은 미래의 보상을 보장하고, 미래의 보상은 현재의 신실함을 부른다. 그러기에 바울은 고린도전서 15장에서 부활에 대한 논의를 다음과 같이 마무리했다. "그러므로 내 사랑하는 형제들아 견실하며 흔들리지 말고 항상 주의 일에 더욱 힘쓰는 자들이 되라 이는 너희 수고가 주 안에서 헛되지 않은 줄 앎이라"(58절; 2, 14, 17절의 "헛되다"와 비교하라).

우리가 짓고 있는 집

그렇다면 지금까지 살펴본 재료들은 어떤 집을 짓고 있을까?

에덴, 그리고 성막과 성전이 서로 들어맞는 것을 볼 때 우리는 하나님이 이 세상을 우주적 성전으로 창조하셨음을 알 수 있다. 하나님의 형상과 모양을 한 자들은 이 성전을 보호하고 가꾸며 일하고 경작해야 했다. 그러나 아담은 오히려 뱀을 동산에 들였으며 그의 거짓말을 듣고 사탄에게 주권을 빼앗기고 말았다. 그 결과 아담의 자손은 누구도 에덴에서 살 수 없게 되었다.

예수님은 십자가에 오르심으로 사탄을 내쫓으셨다. 그리고 다시 오셔서 이 세상의 마지막 날, 곧 이 하늘과 땅이 하나님이 처음 의도하신 우주적 성전이 되는 것에서 절정을 맞이할 그 마지막 날의 사건들에 시동을 거실 것이다. 그리고 예수님께 속한 자들, 예수님의 형상으로 변화된 자들이 이 우주적 성전에서 다스리고 정복하며 일하고 경작할 것이다. 예수님이 친히 이 구속된 장소를 안전하게 지키실 것이다.

우리는 이 재료들을 통해 그 장소를 대략적으로 그려볼 수 있다. 그리고 예수님의 승리와 통치로 귀결되는 다음과 같은 공통된 패턴이 반복되는 것을 볼 수 있다.

- 아담은 동산에서 일하고 경작하며 온 땅을 충만하게 한다.
- 이스라엘 백성은 그 땅에서 일하고 경작하며 그 지경을 확장한다.
- 교회는 이 세상에서 모든 나라를 제자 삼는다.
- 예수님은 다시 오셔서 이 세상을 그분의 나라로 만드실 것이다.

하나님은 아담을 동산에 두고 거기서 살며 일하게 하셨다. 그러나 아담은 죄를 짓고 추방되었다. 하나님은 이스라엘을 약속의 땅에 두고 거기서 살며 일하게 하셨다. 그러나 이스라엘은 죄를 짓고 추방되었다. 교회는 이 세상 가운데 살며 일한다. 예수님이 교회를 구속하셨지만 교회는 여전히 부패하다.

예수님은 다시 오셔서 죽은 자를 일으키실 것이다. 이 땅을 깨끗이 하실 것이다. 죄를 없애실 것이다. 무기와 문과 자물쇠와 경보장치가 필요 없어질 것이다. 예수님은 다시 오셔서 하나님이 우리를 창조하실 때 우리가 하기로 계획하신 그 일을 하게 하실 것이다.

일의 의미를 찾고 나를 찾는 질문

1. 일을 할 때 어떤 한계를 느끼는가? 어떤 점이 가장 괴로운가?

2. 하나님은 당신을 어떤 일을 하도록 창조하신 것 같은가?

   1) 하나님이 당신에게 주신 크고 작은 달란트를 적어 보자.

   2) 무엇을 할 때 가장 기쁨을 느끼고, 무엇을 할 때 가장 성과가 좋은가?

   3) 하나님이 허락하신 환경 가운데 당신의 달란트는 어떻게 활용되는가?

   4) 하나님이 허락하신 관계 안에서 당신은 주로 어떤 역할을 맡는가?

3. 당신이 영원히 하고 싶은 일은 무엇인가? 그 일은 왕 같은 제사장으로 다스리는 일과 어떻게 닮았는가?

4. 원하는 직업 또는 직장을 가져야만 일에 의미가 있는가? 그러지 못할 때에도 일에서 의미를 발견할 수 있다면 그 이유는 무엇인가?

5. 이 책을 통해 발견한 당신의 정체성은 무엇인가? 당신에게 일은 무엇인지 적어 보자.

● **책을 닫으며**

　학창시절에 만난 선생님 중에 자신이 가르치는 사람으로서 받은 사명이 무엇인지 골몰히 생각하는 분이 있었다. 그 선생님은 항상 시선을 먼 곳에 두고 생각에 잠긴 채 교실에 들어섰는데, 마치 온 존재로 이렇게 말하는 듯했다. "나는 이 시간을 위해 지어졌어."

　하나님은 일을 하도록 우리를 창조하셨다. 그리고 우리는 새 하늘과 새 땅에서 자유롭게 되어 하나님이 우리를 자궁에서부터 맞춤옷처럼 딱 맞게 입히신 그 일을 하게 될 것이다. 잘 상상이 되지 않겠지만, 거기서는 지금 우리의 일을 끔찍하게 만드는 모든 것이 사라질 것이다.

　자기 자신을 향한 죄악된 관심도 우리가 섬길 단 한 분을 향한 헌신으로 완전히 삼켜질 것이다. 오직 한 분이 우리에게 일을 주실 것이다. 그래서 좋아하는 '저' 일이 아닌 '이' 일을 할 때의 모든 좌절감이 사라질 것이다. 우리 마음에서 악을 추구하는 모든 성향이 사라져 하나님께 순종하기 원하고 하나님을 섬기기 원하며 옳은 일을 행하기 원하는 자유를 누릴 것이다.

우리가 일할 권리는 더 이상 자녀나 친구 또는 배우자와 보내는 시간과 갈등을 일으키지 않을 것이다. 우리의 시간이 무한할 것이기 때문이다. 우리의 일이 무익하고 헛되고 단조롭고 의미 없다는 두려움을 더는 품지 않을 것이다. 하나님이 주신 우리의 일이 얼마나 중요한지 분명히 보게 될 것이기 때문이다.

하나님은 우리의 전부가 되실 것이다. 우리는 완전하고 철저한 마음으로 그분을 섬길 것이다.

예언된 새로운 출애굽을 완전히 마치게 될 것이다. 광야를 지나는 우리의 순례길도 끝날 것이다. 우리의 새롭고 더 나은 여호수아께서 그 땅을 정복하실 것이다. 우리는 그 좋은 땅에 들어가 하나님의 임재 가운데 살 것이다. 그리고 끝이 없는 세상에서 언약적 복을 누릴 것이다.

그 왕 아래서, 그 땅에서, 우리는 마침내 우리가 하도록 창조된 그 일을 할 것이다. 더 이상 죄도 좌절감도 사망도 없다. 예수님이 그 도성에서 뱀을 제거하실 것이다.

톨킨은 "신화의 창조"(Mythopoeia)라는 시의 마지막 구절에서 주 예수님께 속한 자들을 기다리는 영광을 노래했다. 이 시를 함께 나누며 이 책의 문을 닫는다.

낙원에서 그들은 더는 곁눈질하지 않으리.
새롭게 된 그들은 거짓말하지 않으리.
여전히 틀림없이 무언가 만들겠지, 그러나 죽지 않으리.
시가 그들 머리 위에 불꽃 같이 있으리.

그들의 무결한 손가락이 하프에 닿으리.
거기서 그들 각자는 모든 것을 택하리, 영원히.[1]

주

책을 열며

1) 제임스 해밀턴, 『성경신학이란 무엇인가』(*What is Biblical Theology?*)(부흥과개혁사, 2015).
2) 에드워드 클링크 3세, 대리언 라킷. 『성경신학의 5가지 유형』(*Understanding Biblical Theology: A Comparison of Theory and Practice*)(부흥과개혁사, 2015)에서 설명한 성경신학의 세 가지 다른 유형(구속사, 세계관 이야기, 정경적 접근)을 결합한 것이다. 내 생각에 이 논점들은 분리될 수 없다.
3) 좀 더 알고 싶다면, 스티븐 뎀프스터의 『하나님 나라 관점으로 읽는 구약신학』(*Dominion and Dynasty: A Biblical Theology of the Hebrew Bible*)(부흥과개혁사, 2012)을 보라. 좀 더 포괄적인 연구를 알고 싶다면, Roger T. Beckwith의 *The Old Testament Canon of the New Testament Church and Its Background in Early Judaism*(Grand Rapids, MI: Eerdmans, 1985)을 보라.
4) 아가서를 통해 결혼과 일을 다룰 수도 있지만, 시간과 지면상 생략한다. 나는 *Song of Songs: A Biblical-Theological, Allegorical, Christological Interpretation*(Fearn, UK: Christan Focus, 2015)에서 이를 다룬 바 있다.

PART 1. 창조, 하나님이 처음 계획하신 일

1) 제임스 스미스, 『하나님 나라를 욕망하라』(*Desiring the Kingdom: Worship, Worldview, and Cultural Formation*)(IVP, 2016)를 더 참고할 것.
2) 해리 맥클린톡이 1928년에 처음으로 녹음했다.
3) 시편 1-2편이 시편 전체에서 어떤 의미를 차지하는지 알아보려면, Robert L.

Cole, *Psalms 1-2: Gateway to the Psalter* (Sheffield, UK: Sheffield Phoenix Press, 2013)을 참고하라. 그리고 고든 웬함, *The Psalter Reclaimed: Praying and Praising with the Psalms* (Wheaton, IL: Crossway, 2013)를 참고하라.

4) 이 주제에 관해서는 리처드 린츠, *Identity and Idolatry: The Image of God and Its Inversion*, New Studies in Biblical Theology (Downers Grove, IL: IVP Academic, 2015)를 참고하라.

5) 여성과 모성의 근본적인 필요에 대해 쓴 나의 글을 참고하라. "A Biblical Theology of Motherhood." *Journal of Discipleship and Family Ministry* 2, no. 2(2012):6-13.

6) 그리스 신화와 비교해 보라. 그리스 신화는 신이 남자를 벌하기 위해 여자를 창조했다고 말한다. 헤시오도스의 시 "노동과 나날"(*Works and Days*) 참조. 이 시는 Loeb Classical Library 시리즈 57권 *The Homeric Hymns and Homerica*에 실려 있음. Hugh G. Evelyn-White 영역(Cambridge, MA: Harvard University Press, 1914), 7.

7) 그레고리 K. 비일, 『성전 신학-하나님의 임재와 교회의 선교적 사명』(*The Temple and the Church's Mission: A Biblical Theology of the Dwelling Place of God*, New Studies in Biblical Theology)(새물결플러스, 2014).

8) 린츠, *Identity and Idolatry*, 56.

9) 고든 웬함, "Sanctuary Symbolism in the Garden of Eden Story," in *I Studied Inscriptions from before the Flood: Ancient NearEastern, Literary, and*

Linguistic Approaches to Genesis 1-11, ed. Richard Hess and David Toshio Tsumara(Winona Lake, IN: Eisenbrauns, 1994), 399-404을 참고하라.

10) 레위기 11장을 참고하라. 뱀에 대해서는 42절, 도마뱀에 대해서는 29-30절을 참고하라.

11) 이 주제를 철저하게 다룬 내용을 보려면 Denny Burk, *What Is the Meaning of Sex?* (Wheaton, IL: Crossway, 2013)를 참고하라.

12) 린츠, *Identity and Idolatry*, 68.

13) Sherif Girgis, Robert George and Ryan T. Anderson, "What Is Marriage?", *Harvard Journal of Law and Public Policy* 34 (2010): 245-87와 Denny Burk and Heath Lambert, *Transforming Homosexuality: What the Bible Says about Sexual Orientation and Change*(Phillipsburg, NJ: P&R, 2015)를 참고하라.

14) 린츠, *Identity and Idolatry*, 53. "creation is 'built' for worship"을 참고하라.

15) 고린도전서 11장 주해로는, 제임스 해밀턴, "Gender Roles and the Glory of God: A Sermon on 1 Corinthians 11:2-12," *Journal For Biblical Manhood and Womanhood* 9 (2004): 35-39를 참고하라. 디모데전서 2장은 Thomas R. Shreiner and Andreas K. Köstenberger, *Women in the Church: An Analysis and Application of* 1 *Timothy* 2:9-15, 2nd ed. (Grand Rapids, MI: Baker Academic, 2005)을 보라. 관련 신약 구절을 종합해 보려면, 제임스 해밀턴, "What Women Can Do in Ministry: Full Participation within Biblical Boundaries," in *Women, Ministry and the Gospel: Exploring New Paradigms*(Downers Grove, IL: IVP Academic, 2007), 32-52를 참고하

라. 실질적으로 이 논쟁의 모든 측면을 보려면 웨인 그루뎀, *Evangelical Feminism and Biblical Truth: An Analysis of More Than 100 Disputed Questions* (Sisters, OR: Multnomah, 2004)를 참고하라.

16) Jack Collins, "A Syntactical Note (Genesis 3:15): Is the Woman's Seed Singular or Plural?," *Tyndale Bulletin* 48 (1997): 139-48를 보라. 더불어 창세기 3장 15절이 구약 나머지에 미친 영향을 보려면, 제임스 해밀턴 "The Skull Crushing Seed of the Woman: Inner-Biblical Interpretation of Genesis 3:15", *The Southern Baptist Journal of Theology* 10, no. 2 (2006): 30-54를 참고하라.

PART 2. 타락, 고된 노동이 되어버린 일

1) 데스몬드 알렉산더, "Genealogies, Seed, and the Compositional Unity of Genesis", *Tyndale Bulletin* 44 (1993): 255-70와 제임스 해밀턴 "The Seed of the Woman and the Blessing of Abraham", *Tyndale Bulletin* 58 (2007): 253-73를 참고하라.

2) 스티브 코벳 & 브라이언 피커트, 『헬프』(*When Helping Hurts: How to Alleviate Poverty Without Hurting the Poor and Yourself*) (국제제자훈련원, 2014).

3) 제임스 해밀턴, "Original Sin in Biblical Theology", in *Adam, the Fall, and Original Sin: Theological, Biblical, and Scientific Perspectives*, ed. Hans

Madueme and Michael Reeves (Grand Rapids, MI: Baker Academic, 2014), 189-208.

4) 나는 Addison G. Wright이 "The Riddle of the Sphinx: The Structure of the Book of Qoheleth", *Catholic Biblical Quarterly* 30 (1968): 313-34과 "The Riddle of the Sphinx Revisited: Numerical Patterns in the Book of Qoheleth", *Catholic Biblical Quarterly* 42 (1980): 38-51: 그리고 "Additional Numerical Patterns in Qoheleth", *Catholic Biblical Quaterly* (1983): 32-43에서 설득력 있게 제시한 전도서의 구조를 따르고자 한다.

5) Mitchell L. Chase, "Resurrection Hope in Daniel 12:2: An Exercise in Biblical Theology", Ph.D 논문, The Southern Baptist Theological Seminary, 2013과 Samuel Cyrus Emadi, "Covenant, Typology, and the Story of Joseph: A Literary-Canonical Examination of Genesis 37-50", Ph.D 논문, The Southern Baptist Theological Seminary, 2016을 참고하라. 그리고 제임스 해밀턴, "Was Joseph a Type of the Messiah? Tracing the Typological Identification between Joseph, David, and Jesus", *The Southern Baptist Journal of Theology* 12 (2008): 52-77을 참고하라.

6) 이에 대한 증거는 제임스 해밀턴, *With the Clouds of Heaven: The Book of Daniel in Biblical Theology*, New Studies in Biblical Theology (Downers Grove, IL: IVP Academic, 2014), 221-35을 참고하라.

7) 요셉은 하나님의 약속이 자신의 죽음을 넘어선다고 믿었다. 요셉은 또한 하나님이 자신을 죽은 자 가운데서 살리시고 생명의 땅에서 그 소망이 성취되는 즐거움을 주실 것이라 믿었다.

8) 제임스 해밀턴, "Messianic Hope in Ezra-Nehemiah", *Exalting Christ in Ezra and Nehemiah*, Christ-Centered Exposition (Nashville: Broadman, 2014) 227-41을 참고하라.

PART 3. 구속, 그리스도께서 자유롭게 하신 일

1) 그레고리 K. 비일, 『성전 신학』(*The Temple and the Church's Mission: A Biblical Theology of Dwelling Place of God*) (새물결플러스, 2014). 그리고 제임스 해밀턴 *God's Indwelling Presence: The Holy Spirit in the Old and New Testaments*, New American Commentary Studies in Bible and Theology (Nashville: Broadman, 2006)을 참고하라.

2) 린츠, *Identity and Idolatry: The Image of God and Its Inversion*, New Studies in Biblical Theology (Downers Grove, IL: IVP Academic, 2015), 35.

3) 데이비드 브룩스, 『소셜 애니멀』(*The Social Animal: The Hidden Sources of Love, Character, and Achievement*) (흐름출판, 2016).

4) 찰스 테일러, *A Secular Age* (Cambridge, MA: Belknap, 2007), 706, 742. "기독교 신앙은 절대 고정된 코드로 해독될 수 없다." 그리고 "사랑의 공동체는 즉각적으로 반응하며 이는 정형화할 수 없다."

5) 필리스 위틀리, *The Collected Works of Phillis Wheatley*, ed. John Shields (New York: Oxford University Press, 1989), 6, 18, 229. 본문에 이탤릭체로 표기된 부분은 모두 원작에 따른 것이다. Vincent Carretta, *Phillis*

Wheatley: Biography of a Genius in Bondage (Athens, GA: University of Georgia Press, 2011), 30, 60, 63, 86, 170, esp. 61을 참고하라. "위틀리는 기독교가 말하는 가치를 반복적으로 이용하여 유럽 혈통의 위선적이고 이기적인 기독교인들을 비판한다."

6) 스티브 코벳 & 브라이언 피커트, 『헬프』(When Helping Hurts: How to Alleviate Poverty Without Hurting the Poor and Yourself) (국제제자훈련원, 2014)를 보라.

7) 성찬에 대한 바울의 가르침이 교회 내에서 일어나는 세속적인 차별을 어떻게 반대하는지 보고 싶다면, 제임스 해밀턴, "The Lord's Supper in Paul", in *The Lord's Supper*와 Thomas R. Schreiner and Matt Crawford, *New American Commentary Studies in Bible and Theology* (Nashville: Broadman, 2010), 68-102를 참고하라.

8) 팀 켈러, 『일과 영성』(Every Good Endeavor: Connecting Your Work to God's Work) (두란노, 2013).

PART 4. 회복, 마침내 온전히 기쁨으로 하게 될 일

1) 존 케네디 툴, 『바보들의 결탁』(A Confederacy of Dunces) (도마뱀, 2010).
2) 조직신학 측면에서 이를 철저하게 논하는 내용을 살펴보려면 헤르만 바빙크의 『개혁교의학 4권』(Reformed Dogmatics: Holy Spirit, Church, and New Creation, vol. 4) (부흥과개혁사, 2011)을 참고하라.

3) 제임스 해밀턴, "Seventy Weeks and Seventy Weeks of Years: Daniel's Prayer and Gabriel's Revelation", *With the Clouds of Heaven: The Book of Daniel in Biblical Theology*, New Studies in Biblical Theology (Downers Grove, IL: IVP Academic, 2014)를 참고하라.

4) 부활이 모세오경의 어디에 기초하는지 성경신학적으로 주해한 내용을 보려면, Mitchell L. Chase의 "Resurrection Hope in Daniel 12:2: An Exercise in Biblical Theology", The Southern Baptist Theological Seminary, 2013과 "From Dust You Shall Arise: Resurrection Hope in the Old Testament", *Southern Baptist Journal of Theology* 18, no. 4(2014): 9-29, 그리고 "The Genesis of Resurrection Hope: Exploring Its Early Presence and Deep Roots", *Journal of the Evangelical Theological Society* 57 (2014): 467-80을 참고하라.

5) Whittaker Chambers, *Witness*, 50th anniversary ed. (Washington, DC: Regnery, 2001), 9-10.

6) 찰스 테일러, *A Secular Age* (Cambridge, MA: Belknap, 2007), 639-42.

7) 메릴린 로빈슨, 『길리아드』(*Gilead: A Novel*) (마로니에북스, 2013).

책을 닫으며

1) J. R. R. 톨킨, *Tree and Leaf: Including "Mythopoeia"* (London: HarperCollins, 2001), 90.

사명선언문

너희가 흠이 없고 순전하여……세상에서 그들 가운데 빛들로
나타내며 생명의 말씀을 밝혀 _ 빌 2:15-16

1. 생명을 담겠습니다
만드는 책에 주님 주신 생명을 담겠습니다.
그 책으로 복음을 선포하겠습니다.

2. 말씀을 밝히겠습니다
생명의 근본은 말씀입니다.
말씀을 밝혀 성도와 교회의 성장을 돕겠습니다.

3. 빛이 되겠습니다
시대와 영혼의 어두움을 밝혀 주님 앞으로 이끄는
빛이 되는 책을 만들겠습니다.

4. 순전히 행하겠습니다
책을 만들고 전하는 일과 경영하는 일에 부끄러움이 없는
정직함으로 행하겠습니다.

5. 끝까지 전파하겠습니다
모든 사람에게, 땅 끝까지, 주님 오시는 그날까지
복음을 전하는 사명을 다하겠습니다.

서점 안내

광화문점 서울시 종로구 새문안로 69 구세군회관 1층
02)737-2288 / 02)737-4623(F)

강남점 서울시 서초구 신반포로 177 반포쇼핑타운 3동 2층
02)595-1211 / 02)595-3549(F)

구로점 서울시 동작구 시흥대로 602, 3층 302호
02)858-8744 / 02)838-0653(F)

노원점 서울시 노원구 동일로 1366 삼봉빌딩 지하 1층
02)938-7979 / 02)3391-6169(F)

분당점 경기도 성남시 분당구 황새울로 315 대현빌딩 3층
031)707-5566 / 031)707-4999(F)

일산점 경기도 고양시 일산서구 중앙로 1391 레이크타운 지하 1층
031)916-8787 / 031)916-8788(F)

의정부점 경기도 의정부시 청사로47번길 12 성산타워 3층